# La civilisation de Caïn

_ les derniers jours _

Auteur éditeur Bernard Tissier

juillet 2018

N° siret 501021182000

Site web : garabandal-story.com
Imprimé par Lulu.com
N° ISBN 979-10-92179-18-7

photo de couverture
pixabay.com/fr/flaming-ciel-sinistre-le-feu-nuages-3255774/

*Autres livres de l'auteur chez lulu.com*

*La tradition de Jean*
*L'opération Angelo Roncalli*
*Luc & Léa*
*Colombe blessée*
*Passages obligés*
*Lignes dans le ciel*

## Table des matières

| | | |
|---|---|---|
| page | 4   | quelque sources |
| page | 16  | quelques notions utiles |
| page | 25  | prophétie à la mort de Jean XXIII |
| page | 28  | l'heure de dieu |
| page | 32  | l'approche de la grande crise |
| page | 35  | la Russie s'est convertie |
| page | 40  | l'incendie a été allumé en Irak |
| page | 42  | 2013 |
| page | 49  | 2014 |
| page | 58  | 2015 |
| page | 73  | 2016 |
| page | 92  | 2017 |
| page | 115 | 2018 |
| page | 171 | 2019 |
| page | 198 | 2020 |
| page | 212 | de 2021 à la paix |

# Quelques sources

Pour évoquer les événements de la grande révolution universelle qui aboutiront à un bouleversement historique, l'arrivée d'une très longue ère de paix sur la terre aux mois froids du début de l'année 2021, l'auteur a consulté un nombre considérable de prophéties, la plupart chrétiennes, mais pas toutes, le tout ponctué de références historiques, lexicales et d'actualité. En voici quelques sources parmi d'autres.

### Don Bosco

Parmi les songes prophétiques de Don Bosco est célèbre celui appelé : "les Trois Blancheurs"

### Sœur Rosa Colomba Asdente

Dominicaine de Taggia en Italie, évêché de Vintimille. Son cloître où elle mourut en 1847 fermé une première fois au début de son siècle, rouvert à la chute du premier empire napoléonien jusqu'en 1855, époque de la suppression générale des couvents. On lit sur .tripadvisor.fr/le 10/01/2017 que le couvent San Domenico offre des conditions exceptionnelles au touriste amateur d'art. Places de parking disponibles. Cloître d'une douceur étonnante planté d'un olivier pluri-séculaire venu d'Espagne, mandariniers odorants. Salles conventuelles accessibles (sacristie, réfectoire, chapitre)

Les prophéties de la Fraudais

Je les ai beaucoup utilisées dans ce livre. J'avais connu les prophéties de Marie Julie Jahenny dans ma jeunesse. La nuit du 22 février 2012 : Je longe, en rêve, une route rive gauche de la Loire, vers l'aval. Le fleuve était très large et dans un défilé rocheux pas très élevé, les eaux étaient claires et paisibles. Je cherche le poteau indiquant la distance de Nantes sans le trouver, mais je trouve un panneau pointant Saint Claude vers le nord et je trouve Clisson à l'opposé, donc vers le sud. Je cherche un pont pour passer sur l'autre rive, où je pense rejoindre d'autres marcheurs. J'en trouve un qui se limite à un passage sableux au dessus du fleuve mais barré par un grillage. J'aperçois un vrai pont routier un peu plus loin. C'est saturé d'incohérences géographiques. Il n'y a pas de défilé rocheux en amont de Nantes dans la réalité, Clisson n'est pas le long de la rive gauche, mais décalé au sud ouest et il n'y a surtout pas de Saint Claude de l'autre côté de la Loire.

J'ai vérifié, trois mois après, la situation géographique du rêve. Quand on suit la Loire en direction de Nantes, à un endroit, il y a effectivement Clisson sur la gauche et Blain (La Fraudais) sur la droite où j'avais vu Saint Claude. J'ai cherché à associer La Fraudais et Saint Claude, espérant identifier une église dédiée au saint, ou, un village de ce nom : je n'ai rien trouvé. Si l'association de la fête de Saint Claude du quinze février à l'histoire de Marie Julie n'a rien donné, une autre Saint Claude , le six juin,  m'a éclairé.

C'est le six juin 1875 que Monseigneur Félix Fournier, l'évêque de Nantes dont dépendait la Fraudais, écrivait au docteur Imbert Gourbeyre qui avait examiné Marie Julie : Les rapports que je reçois chaque jour sur Marie Julie me démontrent de plus en plus l'action de Dieu sur cette âme... Ce qu'elle manifeste est surnaturel. Je n'y vois rien que de bon, d'édifiant, de conforme aux principes de la spiritualité. On y arrivera soyez-en sûr. » Je m'en tiens là.

Marie Julie Jahenny est née en février 1850 dans une modeste famille paysanne. Elle a vécu de l'âge de deux ans à sa mort dans un hameau d'une dizaine de feux à deux kilomètres de Blain (alors 6000 habitants) à 40 kilomètres au nord de Nantes. Enfant elle a eu six mois d'école, elle savait à peine lire et écrire. Il lui était impossible de lire une lettre. En dehors du catéchisme elle n'avait aucune instruction. (source marie-julie-jahenny.fr)

## Ida d'Amsterdam

La Vierge Marie apparu à Ida Peerdeman 56 fois entre 1945 et 1959. Chaque fois que des extraits seront présentés dans mon livre ils viennent de la source officielle de-vrouwe.info.fr.

Quand on lit les messages on se rend compte que des années sont désignées selon leurs millésime : Je vois à présent écrit devant moi : « 1950 » puis « 1951-1953 ». Je vois ensuite la basilique Saint-Pierre devant moi. Il tombe des gouttes sur elle : des larmes ou de la pluie. (Ida 01/10/1949) Ici c'est très clair, les années sont indiquées.

D'autres sont codifiées par un nombre à deux chiffres : Elle (la Dame)me fait ensuite lire un tableau sur lequel est écrit : « 50 - 51 - 53 » et elle dit : « Cette période verra un combat et des catastrophes. » (Ida 16/12/1949) J'ai essayé une hypothèse qui part de l'importance des événements de mai 1968 en France, pays où débutera selon Marie Julie Jahenny, la crise universelle. Au vu de ces événements les messagères de l'île Bouchard se sont concertées et furent d'accord de remettre à l'archevêché de Tours, le secret reçu pour la France en décembre 1947, qu'elles avaient promis à la Sainte Vierge de ne dire à personne, et ce fut fait dès le 22 juin 1968. Je me rappelais du fragment d'"une prophétie dont je n'ai réussi à retrouver ni la source, ni la fin qui disait : «1968 n'a renversé que la France...» Concrètement je suis parti de l'idée de rangs d'année avec 1968 comme rang 1, et, par voie de conséquence, j'ai inséré des extraits messages désignés par 50, 51, 52, 53 et 54 , dans les années 2017, 2018, 2019 , 2020 et 2021.

## Les apparitions de Garabandal

J'ai connu ces faits à travers l'article d'un hebdomadaire français qui s'appelait « Détective » vers 1965, dernière année des apparitions de la Sainte Vierge de Garabandal. J'avais dix neuf ans.

L'hebdomadaire « Détective » est un des rares médias qui en a parlé en France.

Âgée de douze ans au début des apparitions mariales de Garabandal en 1961, Conchita, une des petites voyantes avec Marie Loli, Jacinta et Marie Cruz, entra en pension à l'école de jeunes filles dépendant du couvent de Burgos en 1966/1967. La supérieure de l'époque, Mère Maria de las Nieves avait noté son niveau d'éducation très faible. Certes elle avait été à l'école de Garabandal, village reculé de la montagne cantabrique où les obligations scolaires composaient avec le travail rural ; ni la langue ni les mathématiques n'étaient les questions prioritaires. Conchita, très intelligente, avait un fossé culturel énorme. Elle lui a posé des questions de base qu'elle ignorait.( source mensagemdegarabandal.com)

Un grand miracle fut promis à Garabandal. Selon une note écrite de Conchita il aura lieu avant le châtiment. (annoncé à Garabandal mais aussi par d'autres prophéties chrétiennes) Si le monde change, celui-ci ne se produira pas.(source «L'étoile dans la montagne » Édité par un collectif le 01/01/1967)

Deux messages de la Sainte vierge Marie ont été donnés à Garabandal. Entre eux il s'est écoulé 44 mois, ce qui semble faible pour un changement de comportement du monde, mais fort pour un changement de comportement de l'Église.

Dans la chronologie du concile Vatican-II on trouve : Novembre 1960 - automne 1961 : Travail des commissions préparatoires.

Message du 18 octobre 1961: II faut faire beaucoup de sacrifices, beaucoup de pénitence, visiter le Saint-Sacrement.Mais avant tout, il nous faut-être très bons. Si nous ne le faisons pas, viendra un châtiment. La coupe se remplit, et si nous ne changeons pas, nous viendra un châtiment très grand.

Le 06 juin 1965, Mgr Lefebvre , écrit dans la revue «Itinéraires» : « ... il est une chose certaine dont il est impossible de douter sans attendre la fin du Concile, c'est qu'il aura manifesté combien l'Église, en certains de ses membres les plus élevés, peut être influencée par l'opinion publique. N'a-t-on pas entendu et lu dans les textes conciliaires ces paroles : « Le monde attend, le monde désire... , le monde est impatient... » ? Les discours des papes clôturant les sessions , leurs interventions, ne font que corroborer cette affirmation. Nombreux sont les prêtres, plus nombreux encore les fidèles qui sont bouleversés par ce qu'ils lisent ou entendent et qui le plus souvent n'est que l'écho de ce nouveau magistère.

Message du 18 juin 1965 : Comme on n'a pas accompli et on n'a pas fait connaître au monde mon message du 18 octobre, je veux vous dire que celui-ci est le dernier. Auparavant, la coupe se remplissait; à présent elle déborde. Les cardinaux, évêques et prêtres marchent nombreux sur le chemin de la perdition, entraînant avec eux beaucoup d'âmes. À l'Eucharistie, on donne sans cesse moins d'importance. Vous devez faire des efforts pour éviter la colère de Dieu qui pèse sur vous : si vous lui demandez pardon avec des âmes sincères, il vous pardonnera. Moi votre Mère je veux vous dire que vous vous amendiez : déjà vous êtes dans les derniers avertissements. Je vous aime beaucoup et ne veux pas votre condamnation. Priez-nous sincèrement, et nous vous donnerons. Vous devez vous sacrifier davantage. Méditez la Passion de Jésus.


La prophétie d'Axelle


Mère de famille française, elle attribue à Jésus des messages reçus en mai 2000 notamment, qui affinent la description du début des épreuves de la France qui aurait pu s'infléchir, peut-être, si elle avait tenu compte des avertissements, il y a 130 ans déjà, de Marie Julie Jahenny.


Et même deux prophéties des ténèbres


Un journaliste de Milan, Pier Carpi contacté par un groupe occulte, publie aux Edizioni Mediterranee, en 1976 un recueil de prophéties de 1935 « Le profezie di papa Giovanni » qu'il attribue à un nonce en Turquie cette année là, Angelo Roncalli qui deviendra en 1958 le pape Jean

XXIII. L'usurpation d'identité d'un personnage de l'église n'est pas surprenant de la part d'un groupe occulte. Peu importe comment elles furent faites et par qui, la suite des papes de Pie XI à nos jours est remarquable à condition de remarquer la dérision méprisante suintant du commentaire sur chacun de ses papes. Nous sommes dans le cadre de l'exécution de ce de l'exécution de la vision du pape Léon XIII le 13/10/1884 où Satan se vantait de pouvoir détruire l'Église à condition de disposer de 75 à 100 ans, et d'un pouvoir plus grand sur ceux qui se livreront à son service et se vit répondre par Notre-Seigneur : « Tu as le temps, tu auras le pouvoir. Fais-en ce que tu voudras » Pier Carpi a écrit pour donner des repères aux adversaires de l'église occulte dans cette lutte où ils pensent avoir gagné disant : « Si je bouscule un peu les pièces, si je néglige certains aspects -et les adeptes s'en apercevront bien vite, si je mets en scène des expériences personnelles ou des personnages facilement identifiables, j'ai pour cela de sérieux motifs.»

L'autre prophétie est de la madrilène Marga, je n'arrive pas à me faire une idée sur elle. L'hypothèse de prophéties occultes comme avec Pier Carpi est certes possible mais il est également possible qu'il s'agisse d'une opération d'une opération uniquement humaine d'une faction hostile au pape François dans la hiérarchie de l'église catholique. Dans El Reinado Eucaristico tome 3, diffusé par l'association qui entoure Marga, on trouve tour à tour un chantage à la nomination comme cardinal de l'archevêque de Madrid (appelé le François espagnol en Espagne), un procès de faiblesse par rapport à Amoris laetitia, la menace d'une action conservatrice contre lui, jusqu'à l'attentat, la destitution et l'exil et enfin le reproche que si il ne cède pas aux conservateurs, les ultra libéraux imposeront leur propre pape dans l'église quand les autres auront neutralisé François.

Si dans le cas de Pier Carpi on soulignait l'usage de la dérision triomphante vis à vis des papes depuis 1935, dans le cas de Marga et de son entourage, on pense, ahuri, à la revendication de Satan de la vision de Léon XIII : «Je peux détruire ton Église.»

Et pour finir, une prophétie inclassable, en tous cas par moi, même si j'y ai eu recours quand elle confortait ou semblait conforter, des prophéties plus traditionnelles.

Prophétie de Marie Thé (5 novembre 2005)

La prophétie d'une personne que je n'ai pas pu identifier, peut-être un pseudonyme, sort alors que des émeutes commencées le 27 octobre en région parisienne cette année là se sont propagées aux autres banlieues urbaines.

La prophétie :

Un homme va se lever en France, sous l'apparence d'un protecteur des droits, de la sécurité ; mais il se révélera être despotique, calculateur, manquant d'amour pour son prochain et méprisant les plus petits. Il gouvernera avec une main de fer, qui en écrasera un bon nombre. Il privilégiera certaines communautés, pour en assujettir d'autres. Un vent de révolte se lèvera contre lui. Dans un premier temps il écrasera celui-ci par une intervention quasi-militariste. Mais dans un second temps, le vent de révolte deviendra un feu dévorant et la France sera à feu et à sang. Alors beaucoup partiront, quittant le pays pour toujours. La France ne se relèvera pas de ce bain de sang! Dans ces années de terreur, l'Esprit de D.ieu se répandra au milieu des hommes et tout particulièrement au milieu des enfants. C'est par eux, que le Seigneur conduira l'Église à se sanctifier, dans ce pays, à se positionner pour Lui, envers et contre tout, dans l'opposition terrible qui se fera contre elle ; en premier lieu par cet homme, en deuxième lieu par la nouvelle religion mondiale qui commencera à se mettre en place ouvertement. Dans ces temps-là, la véritable Église se tiendra fermement au côté d'Israël et des communautés persécutées. La France sera comme séparée en deux, comme au temps de son invasion durant la seconde guerre mondiale, secouée par des "purges", des attentats de toutes origines ! Elle ne sera que champs de ruines dans certaines grandes villes : Paris, Lyon, Marseille, Bordeaux, Ajaccio, Reims, Lille, Rouen ... et d'autres...Elle perdra toute autorité au sein de l'OTAN, dont la tête pensante et directrice sera l'Allemagne, comme pour l'Union Européenne. (source alliances-delivrances.com/article-prophetie-de-marie-the-le-5-novembre-2005-59128036)

Rappel sur les émeutes de 2005 à partir d'éléments puisés dans des prophéties antérieures de Marie Julie Jahenny et d'Axelle, mais ce n'est pas si simple. La prophétie qui valorise Israël, semble faire état de la fuite des juifs de France à cause de ce personnage, or Nicolas Sarkozy était un ami d'Israël.

Le 27 octobre 2005, deux adolescents trouvent la mort dans un transformateur EDF en cherchant à fuir un contrôle de police à Clichy-sous-Bois. En réaction, des violences y éclatent dès la nuit suivante et dans la commune voisine de Montfermeil. A partir du 1er novembre, les émeutes gagnent rapidement de nombreuses villes de banlieue parisienne, puis s'étendent à des zones urbaines sensibles dans toute la France. Face à ces violences dont l'extension est croissante, les autorités déploient des forces de police considérables. Le 8 novembre, l'état d'urgence est décrété sur l'ensemble du territoire métropolitain et prorogé pour trois mois. Le calme revient progressivement dans les banlieues et les violences prennent fin après trois semaines d'émeutes. Certains observateurs ont imputé au ministre de l'Intérieur Nicolas Sarkozy une part de responsabilité dans le déclenchement des émeutes, en raison notamment de ses propos tenus contre les "racailles", à Clichy-sous-Bois le 28 octobre 2005. Cependant, plus largement, ces violences d'une ampleur exceptionnelle témoignent de l'échec de l'ensemble des politiques de la ville conduites depuis les années 1980.(source fresques.ina.fr/jalons/fiche-media/InaEdu04575/les-emeutes-dans-les-banlieues-francaises-en-2005)

Il est difficile de faire la part entre deux hypothèses. L'une selon laquelle la prophétie concernait un autre personnage encore à se lever en France ; l'autre pressentant une opération de désinformation pour stopper l'ascension de Nicolas Sarkozy en mélangeant du vrai et du faux pour qu'on y comprenne rien à son sujet.

Les relations tissées avec Israël apparurent tellement positives à Nicolas Sarkozy, qu'en décembre 2005, il fit appel, en France, aux services d'ordre de l'État juif. Désirant profiter de leur «?expérience?» en matière de «?maintien de l'ordre?», il invita à en Paris les chefs de la police israélienne, Gideon Ezra et Moshe Karadi. (source investigaction.net/fr/08/07/2009) C'est sur le terrain sécuritaire que le gouvernement exploite la récente révolte des banlieues. Pis, dans sa loi antiterroriste, M.Nicolas Sarkozy met l'accent sur le développement de la vidéosurveillance, de la conservation des connexions Internet, des contrôles administratifs et des sanctions pénales. Cette avalanche d'atteintes aux libertés n'est certainement pas de nature à répondre à la crise. Il n'y a pas d'ordre civique dans le désordre social. (source monde-diplomatique.fr/ 2005/ 12/BONELLI/12993)

## Quelques notions indispensables

Depuis près de 2500 ans nous sommes accoutumés aux prophéties et pourtant, depuis un peu plus de 50 ans avec la prospective stratégique, les hommes font un peu la même chose. « Outil majeur , elle permet de mieux anticiper les événements, envisage les trajectoires à long terme possibles, et en étudie les conséquences qui pourraient inciter à en infléchir le cours. Elle donne les moyens d'anticiper les événements et attire l'attention sur la nécessité d'agir opportunément. À première vue les prochaines décennies semblent semées d'embûches, suivre la bonne voie vers un monde plus fort, plus sain et plus juste sera une tâche immense qui peut s'appuyer sur 50 ans d'expérience dans l'élaboration des politiques et sur une variété impressionnante de connaissances et d'outils. Elle est plus que jamais une nécessité qui permet de définir une ligne de conduite et de maintenir le cap. » (source : observateurocde.org/ Barrie Stevens, Programme de l'OCDE sur l'Avenir/ extraits).»

Les prophéties s'accomplissent inexorablement. Les convergences entre ce qui était prédit et ce que nous avons vécu jusque là, sont stupéfiantes. Si des hypothèses de conjonction prophéties/actualité et en chronologie, sont confirmées à l'approche immédiate des événements d'autres ont encore plusieurs possibilités de se réaliser de s'intercaler entre elles. Celui ou celle qui fait des puzzles , celui ou celle qui regarde un bébé essaye d'insérer des cubes de différentes formes ou couleurs dans les ouvertures prévues d'un support de jouet me comprendront.

Une des difficultés et l'existence de signes d'alertes qui ressemblent à des éléments prophétiques et qui seront aussi dans leurs réalisations. Combien faut-il de signes ensemble pour qu'on ne soit plus dans l'alerte mais dans la prophétie? Je l'ignore.

Une autre difficulté est la reprise de fausses prophéties sur des sites diffusent par méconnaissance ou en connaissance de cause de fausses informations, par exemple :

Le livre d'Albrecht Weber contiendrait cette déclaration de Conchita : « Le Papa va aller en Russie, à Moscou. Aussitôt qu'il rentrera au Vatican, les hostilités éclateront dans toute l'Europe.» Cette déclaration ne figure pas dans le livre d'Albrecht Weber, j'en suis certain puisque j'ai lu cet ouvrage.

Une autre fausse information attribue à l'automne 1975 des propos de Marie Loli colportés par deux prêtres anonymes, selon lesquels l'avertissement aura lieu trois mois à trois semaines avant le miracle et que les deux événements viendront une année paire. Marie Loli a dit publiquement cette même année 1975 qu'elle ne connaissait pas l'année du miracle mais seulement qu'il y aura moins d'un an et pas forcément la même année entre les deux événements: Elle n'a pas parlé de communication mariale nouvelle depuis les apparitions de 1961 à 1965.

« Que celui qui est saisi par une prophétie et par ce sentiment que les signes des temps sont là comprenne qu'il est spécialement choisi pour le monde nouveau, pour ce monde qui vient.» (source «France réveille-toi !» par Axelle, éditions du Parvis, juin 2015).

Quand vous avez une panne de voiture , vous allez chez un garagiste, mon rôle n'est pas différent, mettre ce que je sais faire, partager l'étude comparée des prophéties et du déroulement de notre temps.

Axelle « Déposez tous vos pronostiques, croyez que je ne peux que vous surprendre ! Ce qui est dit est dit, les prophéties que j'ai insufflées à mes enfants s'accompliront, mais qui peut dire qu'il les comprend, les saisit et analyse parfaitement. »

Enfin citons une dernière difficulté, le risque de croire que des prophéties sont encore à venir alors qu'elles se sont déjà accomplies. En voici deux exemples:

Une prophétie de Marie Julie Jahenny :

Un jour il y aura peu de soleil, peu d'étoiles ni de lumière Le jour commencera à croître, dans les jours courts encore, dans les premiers mois je donnerai clairement mes avertissements... Ce jour de ténèbres et d'éclairs sera le premier que j'enverrai pour convertir les impies, et voir si un grand nombre reviendra à moi, avant le grand orage qui suivra de prés. Ce jour, mes enfants, n'atteindra pas toute la France, mais une partie de la Bretagne en sera éprouvée. Le côté où trouve la terre de la Mère de ma Mère Immaculée ne sera obscurci par les ténèbres à venir, jusqu'à vous et, au-delà, sur le lever du soleil.Tout le reste sera dans l'effroi le plus terrible. Depuis la nuit jusqu'à la nuit, un jour entier, le tonnerre ne cessera de gronder; le feu des éclairs fera beaucoup de mal.

## Le contexte où elle s'est accomplie

La guerre va finir. Si l'on écoute mes demandes la Russie se convertira et on aura la paix.mais si on ne cesse d'offenser Dieu, sous le règne de Pie XI il en commencera une autre, pire encore. Lorsque vous verrez une nuit éclairée par une lumière inconnue, sachez que c'est le grand signe que Dieu vous donne, qu'il va punir le monde de ses crimes.(Notre Dame de Fatima 13 octobre 1917:)

«Pendant la Première Guerre mondiale, Beneš l'un des fondateurs de la Tchécoslovaquie, puis son président de 1935 à 1938 considérait que la Russie était un allié indispensable pour la Tchécoslovaquie. Pendant les années 1920, il est partisan de renouer le lien avec la Russie, en particulier sur le plan économique, de renouer également le lien diplomatique. Mais il est confronté sur la scène politique intérieure à des forces qui sont résolument hostiles au rapprochement avec l'Union soviétique. Il est également confronté à une position française, qui est une position très prudente à l'égard de l'Union soviétique. A partir du moment où la politique française se réoriente, je dirais, dit l'auteur de cet article, en 1934 avec Louis Barthou, où la France envisage un pacte oriental. Immédiatement Beneš soutient l'initiative, parce qu'il pense que l'Union soviétique peut être un contrepoids à l'Allemagne et parce que cela correspond à sa vision de l'Europe.

(source   radio.cz/fr/rubrique/special/edvard-benes-1938-1948-effacer-munich)

Dans la nuit du 25 au 26 janvier 1938, le ciel fut incendié par une étrange lueur. De neuf heures du soir à deux heures du matin, la voûte céleste fut illuminée de rouge. Ce phénomène fut perçu dans la plupart des pays d'Europe, de la Norvège à Gibraltar, du Portugal à la Grèce, ainsi qu'en Afrique du Nord, aux États-Unis et au Canada. Sur le moment, tout le monde crut à un gigantesque incendie. Le lendemain matin, tous les journaux en parlaient. On attribua le phénomène à une aurore boréale.

Sœur Lucie de Fatima n'admit jamais que ce phénomène puisse être attribué à une aurore boréale. Voici ce qu'elle dit dans son troisième mémoire : Votre Excellence n'ignore pas comment, il y a quelques années, Dieu a manifesté ce signe que les astronomes ont voulu désigné sous le nom d'aurore boréale. Je ne sais pas ; mais il me semble que, s'ils examinaient bien la chose, ils verraient que ce n'était pas et que ce ne pouvait être une aurore boréale (ordinaire), étant donné la manière dont elle s'est présentée.(source fatima100.fr:lettres-de-liaison/103-le-signe-dans-le-ciel-de-la-nuit-du-25-au-26-janvier-1938)

Un mois et demi après cette nuit du 25 au 26 janvier : Le 12 mars 1938, à l'aube, Adolphe Hitler faisait envahir l'Autriche par 200'000 soldats, SS et policiers de la Gestapo. Le jour même avec l'aide du parti nazi autrichien, jusque-là dans une semi-clandestinité, les rafles d'opposants sociaux-démocrates, communistes, syndicalistes et de juifs battent leur plein. Par milliers, ils seront d'abord emprisonnés avant d'être, pour beaucoup d'entre eux, internés au camp de concentration de Mauthausen.(source La tribune de Genève le 10/03/2013)

L'accord de Munich, signé à l'aube du 30 septembre 1938 par la Grande-Bretagne, la France, l'Italie et l'Allemagne nazie (excluant l'URSS et la Tchécoslovaquie) a ouvert les portes à l'agression hitlérienne et entériné le début réel de la Seconde Guerre Mondiale. A ce moment on était encore pour une centaine de jours sous le règne du pape Pie XI.

Passons à la situation spécifiquement française avec Marie Julie Jahenny:

Une dépression présente sur le sud des Îles Britanniques se creuse dans la journée du 14 mars1940, en se décalant progressivement vers l'est.La tempête s'accompagne de vents violents mais elle circule très vite sur le nord de la France. Durée : une journée,. Les conditions anticycloniques sont de retour à partir du 15. La Belgique est touchée. Les forces de vents sont souvent estimées entre 140 km/h (région centre Bretagne) à plus de 200 km/h en Champagne.En Belgique, la tempête très violente s'accompagne d'orages, de grêle et de neige par endroits. (source tempetes.meteo.fr/)

Ce même 14 mars 1940 le gouvernement polonais en exil dans le pays vient de rendre public un livre blanc qui fait le point sur les relations Germano-polonaises de mai 1933 à octobre 1939. Un des éléments les plus marquants de ce curieux ouvrage est la révélation d'une tentative d'Hitler qui cherchait à associer la Pologne et le Reich afin de monter une attaque commune contre l'URSS. Göring aurait fait cette proposition au vieux maréchal Pilsudski lors d'une visite qu'il effectua à Varsovie au mois de février 1935. Le président polonais a décliné l'offre allemande. (source seconde-guerre.com/chronologie-mars-1940)

MJJ le 05/10/1882: « ... tes yeux vont voir le commencement de l'heure épouvantable, quand le froment en herbe ne sera pas au troisième nœud de sa croissance. Au moment où mon peuple n'aura plus qu'à s'armer de foi et d'espérance, encore à la saison dure, pendant 4 heures - de midi à 4 h en France - en des jours durs encore, le soleil aura comme un voilement de deuil. Il sera obscurci, sans lumière... Mon peuple, ce sera le commencement des châtiments de ma Justice. C'est le soleil qui annoncera ces douleurs, le ciel qui pleurera, sans pouvoir se consoler, parce que ce sera l'entrée du temps où les âmes se perdront, l'entrée en un mot, de l'épouvantable malheur. Mon peuple, cette obscurité couvrira la Bretagne l'espace de 4h... »

Le 18 avril 1940, une très puissante vague orageuse provoque d'énormes chutes de grêle et de très violentes bourrasques de vent - les rafales mesurées atteignent 176 km/h à Rennes, 144 km/h à Reims, 126 km/h à Limoges et 119 km/h à Caen. (source meteo - paris.com:chronique/annee/1940)

Le 10 mai 1940, l'Allemagne, rompt le front occidental. Le Führer met fin à la « drôle de guerre » et lance ses armées sur les Pays-Bas, la Belgique et la France. (source herodote. Net/ 10_mai_1940-evenement-19400510.php) Les exactions commises durant la Seconde Guerre mondiale sont innombrables : des expériences pseudo-médicales des médecins nazis aux millions de viols commis par les soldats, des cas de cannibalisme avérés, l'utilisation d'armes chimiques, ce conflit fut véritablement le théâtre d'une horreur inégalée. Aucun camp, que ce soit les Alliés ou l'Axe, n'est exempt d'atrocités. La guerre provoque également une prise de conscience forte ,on s'aperçoit que des hommes ordinaires peuvent se transformer en tortionnaires ou en assassins, soit par obéissance des ordres, soit parce qu'ils sont gagnés par une idéologie, on se rend compte que la science ne contribue pas toujours au bien de l'humanité et peut être mise au service de la destruction. (source les-yeux-du-mode.fr/histoires/17015-)

Une prophétie de Sœur Marianne

(ursuline de Blois)

Sœur Marianne née en 174'9 et morte le 15 août 1804 était devenue tourière au couvent des Ursulines de Blois juste avant la révolution. En 1804, quelques années avant de mourir, elle confia oralement ses prophéties à Mlle de Leyrette, une jeune novice qui venait d'entrer au couvent et devint plus tard la Mère Providence. Celle-ci ne les a jamais rédigées par écrits et on n'en possède que des versions écrites de mémoire à la suite de conversations avec elle. ( source dafeizhontadoukoz. Org.)

« La mort d'un grand personnage sera cachée pendant trois jours. »

Toutes les anciennes copies portent trois jours : cependant, depuis plusieurs années, la mère Providence persiste à dire que Marianne lui a dit onze jours. Lorsque Mgr Affre fut tué sur les barricades, on lui demanda si ce n'était pas de lui que la Sœur avait parlé; elle répondit : « Je crois que c'est un personnage d'un autre genre. — Est-ce le Pape? — Je ne le crois pas. » La mort d'un grand personnage prussien paraît avoir été cachée dix ou douze jours. Est-ce l'accomplissement de la prédiction ? Je ne voudrais pas l'affirmer. (source gallica.bnf.fr/ark:/12148/bpt6k5439450v/texteBrut La prophétie de Blois avec des éclaircissements par Monsieur l'Abbé Richardeau.

Puisse ce lire rendre un petit peu service à ceux et celles qui le liront. Je le confie à la Sainte Vierge Marie.

# Prophétie à la mort de Jean XXIII

Le 3 juin 1963 , à la nouvelle de la mort de Jean XXIII, Conchita revenait avec sa mère Aniceta et une voisine, Madame Ortiz, de l'église de Garabandal. Elle leur disait : « Le pape est mort. Il va venir encore trois papes. » Cette version semble la seule entendue par Madame Ortiz et un ami proche de Conchita. Une fois seule avec sa maman qui cherche à en savoir plus, elle lui dit : « En fait il y en aura quatre mais il y en a un que la Vierge ne compte pas. »

Aniceta : « Pourquoi elle ne le compte pas ? »

Conchita : « Elle ne l'a pas dit. Elle a seulement dit que l'un d'entre eux gouvernera seulement un temps court.» (source: «Garabandal Der Zeigefinger Gottes » d'Albrecht Weber écrivain allemand ami de Conchita)

Nous avons effectivement eu quatre papes ayant régné après la mort de Jean XXIII : Paul VI, Jean-Paul Ier qui a gouverné un temps très court, Jean-Paul II et Benoît XVI. Pourquoi Conchita aurait-elle dû compter trois papes quand la Vierge elle-même n'en comptait que trois ? Les textes de Pier Carpi sont en accord avec ce dénombrement. Passons sur Paul VI successeur de Jean XXIII, pape depuis 13 ans à la sortie de l'ouvrage.

Le second successeur de Jean XXIII apparaît seulement à travers le nouveau visage de l'Église dont a hérité son successeur. Jean Paul Ier dont Pier Carpi n'a pas parlé, n'a laissé qu'une trace, son merveilleux sourire.

Troisième successeur de Jean XXIII « Ce sont les jeunes qui t'acclameront nouveau pape d'une Église qui sourit.» Dès le début des débats du conclave d'août 1978 il apparut que les cardinaux électeurs... cherchaient... plutôt une figure chaleureuse, pastorale dans la lignée du pape Jean XXIII (source Wikipédia) «Quand tu divulgueras la parole de Marie la Très Sainte... Dans ta maison tu recevras un saint aux pieds nus...Tu te feras va nus pieds.»" décrit Jean Paul II qui fit révéler le secret de Fatima.

Quatrième successeur de Jean XXIII « Le saint aux pieds nus descendra du mont...» Benoît XVI a démissionné et s'est éloigné du mont du Vatican le temps du conclave.

Pier Carpi: « Alors devant la tombe du va-nus-pieds éclatera le règne béni de la très sainte Vierge.»

Revenons à l'échange le jour de la mort de Jean XXIII entre Aniceta et sa fille Conchita à Garabandal :

Aniceta : « Alors , c'est la fin du monde qui arrive ? »

Conchita : « La Vierge n'a pas parlé de fin du monde mais de fin des temps. »

Aniceta : «Et quelle différence cela fait-il ? »

Conchita : « Elle a seulement dit qu'après viendrait la fin des temps. » ( source «Garabandal faits et dates »RP E. Garcia de Pesquera)

Pape François au retour de Corée : «Je sais que cela durera peu de temps, peut- être 2 o u 3 ans, et ensuite, à la maison du Père. » (source: radiovaticana.va 18/08/2014) Alors qu'il était pape depuis deux ans, il revint sur son pressentiment en confiant à la télévision mexicaine : J'ai la sensation que mon pontificat sera bref, quatre ou cinq ans, peut-être deux ou trois. Deux sont déjà passés. C'est comme une sensation un peu vague, peut-être que c'est comme la psychologie du joueur de hasard qui se convainc qu'il perdra, de façon à ne pas se faire d'illusions, et à être content s'il gagne. Je ne sais pas... Mais j'ai la sensation que le Seigneur m'a mis ici pour une chose brève, et rien de plus. Mais c'est une sensation. Je laisse toujours ouverte la possibilité» (source fr.radiovaticana.va/le 13/3/2015)

La durée moyenne d'un pontificat, calculée à partir de 1181 car les données sont majoritairement imprécises avant, est de 8,7 ans. (source slate.fr/monde/69427/donnees-pape) soit 8 ans et 8,5 mois. Il semble difficile de parler d'un règne bref si ce règne n'est pas au moins inférieur à cette durée moyenne.

Conchita : « Quand vous verrez l'avertissement, vous saurez que nous avons ouvert la porte de la fin des temps.»

# L'heure de Dieu

Elle sera aussi celle de la science mais qui saura s'en servir pour le salut de son âme ?

Tu crois qu'il y a un un Dieu, tu fais bien, les démons le croient aussi et ils tremblent. (Lettre de Saint Jacques chapitre 2 verset 19)

Selon Georgia Purdom titulaire d'un doctorat en génétique moléculaire les découvertes du généticien Nathaniel Jeanson sur l'ADN mitochondrial nous affirme qu'il existe un ancêtre commun à toute l'humanité. Selon elle, les chrétiens devraient étudier les données scientifiques afin de pouvoir défendre la fiabilité de la Bible, à commencer par la Genèse. Purdom affirme que la génétique démontre que les humains et les chimpanzés ne partagent pas d'ancêtre commun. Les énormes différences dans leur ADN minent complètement la possibilité d'une ascendance partagée ». ( Source noticiacristiana.com /29/07/2015)

Le monde occulte , qui avait choisit aussi de se placer sur le terrain de la science a commencé à être en convergence avec l'actualité dès 2013.

Pier Carpi : Les rouleaux de parchemins seront trouvés dans les Açores et parleront de civilisations antiques qui enseigneront aux hommes des choses inconnues d'eux

Une construction d'apparence artificielle, ressemblant à une pyramide, orientée selon les points cardinaux, a été repérée par sonar à une profondeur d'environ 40 mètres entre Sao Miguel et Terceira ( la grande île des Açores) et se trouverait aussi à côté du volcan sous-marin Dom Joao de Castro (source newsoftomorrow.org/ 24/09/2013) On a pu estimer qu'elle mesurait 60 mètres de haut avec une base de 8000 mètres carrés. La marine Portugaise analyse les origines de cette Pyramide et le processus d'identification durera certainement plusieurs années. (source lesbrindherbes.org/ 28/06/ 2016)


MJJ : L'Europe entière subira partout lutte et révolution... Ce sera la grande révolution annoncée pour avant la fin des siècles... Le premier lien de la foi (le pape) ne verra pas la fin de la persécution. Le second ne la verra pas non plus. Le troisième vivra longtemps, mais, sera difficile à trouver au milieu de temps de décombres ... On comptera encore bien des années avant la fin éternelle nous dit-elle..


« Nous voyons avec frayeur aujourd'hui beaucoup de nos frères, au Moyen-Orient et en d'autres endroits du monde , persécutés, torturés, assassinés pour leur foi en Jésus.» ( pape François, le neuf juillet 2015 à Santa Cruz de la sierra en Bolivie) Le retour de Jésus


Dans son entretien avec sa fille, le jour de la mort de Jean XXIII, puisque la Vierge n'a pas parlé de fin du monde Aniceta interroge : « Et qu'est ce qui vient alors ? » Conchita lui répond : « La

Sainte Vierge a dit que Jésus revient... mais je ne sais pas où. » (source: Livre «Garabandal der Zeigefinger Gottes » de Albrecht Weber.)

Un propos de Conchita sur l'avertissement pourrait d'ailleurs expliquer ce retour comme une perception manifeste dans cet événement : « Ceux qui ne connaissent pas le Christ croiront que c'est un Avertissement de Dieu. » Elle n'a pas dit que Jésus reviendra dans l'avertissement où qu'on verra Dieu dans celui-ci, mais seulement qu'on croira qu'il viendra de Jésus, pour ceux qui le connaissent, et de Dieu pour ceux qui ne le connaissent pas. J'ai lu une prophétie autrefois de Jésus dont je n'ai pas retrouvé la source : « Il en sera de mon retour comme lors de ma première venue, très peu s'apercevront de mon passage. »

Message de Jésus à Françoise du 12 déc. 1999 : «Le temps est venu pour que tu annonces au monde Mon Retour dans la gloire. Je reviens dans les cœurs préparés, de façon intime. Car Mon Cœur sera dévoilé à chacun comme jamais auparavant.» Alors, de quoi aurions-nous peur? Il n'y a que la Tendresse de Jésus qui puisse protéger ceux qu'on Lui confie! L'Amour pousse Jésus à se donner sans cesse. Il veut entrer dans le cœur des enfants. Il souffre – et il s'en plaint – de voir que la «Loi» lui ferme ces cœurs purs, affamés de Lui. Jésus nous rassure: Sa «venue dans la gloire va réparer toute chose» 12 déc. 1999)

Il ne faut pas s'attendre a une venue du Christ sur terre en chair et en os. Saint Mathieu nous a mis en garde : Si quelqu'un vous dit alors : « Le Messie est ici ! » ou « Il est là ! » ne le croyez pas, n'y allez pas ! On comprend ainsi mieux que nous aurons vraiment besoin des environ trois ans et demi de la crise universelle de la fin des temps pour que nous soyons de plus en plus nombreux à prendre de plus en plus conscience de cette présence dans nos cœurs avant que le règne de la paix, partout sur la terre, prophétisé par Marie Julie Jahenny, arrive.

Abréviations utilisées dans ce livre :

pour Marie Julie Jahenny : MJJ
pour Don Boso : DB
pour sœur Elena Aïello : SEA
pour sœur Rosa Colomba Asdente : SRCA

# L'approche de la grande crise

Depuis 2013 on sentait les prémices de cette crise qui se sont précisés avec l'entrée de la France dans un ébranlement social le 24 mai 2016 qui la fera entrer la première, un peu plus de deux ans plus tard dans une révolution qui renouvellera la face de la terre.

Marie-Julie Jahenny : Le 24 mai il se passera un éclat entre les hommes qui se disent vainqueurs et élevés en science qui ébranlera cette grande vile où le sang a tant de fois rougi le pavé et ce branle ne s'apaisera pas.

Face à la grève et aux blocages l'État a décidé de recourir à la force, mardi 24 mai 2016, à l'aube, la raffinerie et le dépôt de carburant de Fos sur mer (Bouches du Rhône) dont les accès étaient occupés et bloqués depuis lundi par quelque 200 militants cégétistes opposés à la loi travail ont été dégagés par la police. (source Ici.tf1.fr/24/05/2016)

Après la défaite contre la loi El Khomry ... due à un effondrement syndical et pas à un combat perdu ... salariés et militants seuls, abandonnés à eux-mêmes, sans organisation ni dirigeants ont fait le maximum dans cette situation ... Le nombre de luttes, de de grèves ne cessant pas, l'effondrement des directions syndicales a conduit à un nombre d'initiatives, de créations et d'innovations militantes en tous genres littéralement inouï ...  en bas, la société craque de toutes parts... les luttes ne cessent pas ... les matériaux pour l'explosion sociale s'accumulent. (Blogs. Mediapart.fr/jean-marc-b/blog/19/01/2018)

Ceux qui se disent vainqueurs : Le 13 mai 2016 on lisait sur le site de la Fédération des industries chimiques CGT de Montreuil " La loi Khomri (la loi travail) est faite pour faire perdre les garanties collectives conquises de haute lutte dans notre secteur."

Ceux qui se disent élevés en science : «Le Parti socialiste plonge ses racines dans la tradition de l'humanisme et dans la philosophie des Lumières.» (source: parti-socialiste.fr) L'humanisme s'oppose à la culture du Moyen Âge : Des hommes, en quête d'une culture encyclopédique, désirent embrasser tous les savoirs.» (source: academie-en ligne.fr) « Quatre cent ans après la pensée des philosophes permet enfin de sortir des ténèbres de l'ignorance : La philosophie des Lumières s'intéresse à tous les domaines de la connaissance. ( source : assistancescolaire.com)

Après la renonciation en 2016 du Président François Hollande, membre du parti socialiste, à un second mandat, après l'effondrement du candidat socialiste à sa succession Benoît Hamon en 2017, suivi en juin de la même année de l'effondrement du parti socialiste aux élections législatives, il n'y aura pas d'autre 24 mai pour la réalisation de la prophétie.

Marie-Julie Jahenny n'a pas indiqué le lieu où se sera passé l'éclat mais seulement ses répercussions sur cette grande ville où l'on reconnaît le Paris des révolutions.

A l'instant où cette journée du 24 mai 2016 s'est produite on se rend compte que personne, même pas moi qui a eu des doutes jusqu'au 24 mai de l'année suivante, ne mesurait ces conséquences prophétisées sur la France.

Pour le journaliste Erwann Seznec auteur du «Livre noir des syndicats» avec Rozenne Le Saint , aux éditions Robert Laffont, pour eux (ceux de la CGT) c'est déjà fini, la loi va passer, ils ont perdu. Ils n'ont aucune chance d'obtenir le retrait, surtout à moins d'un an d'une élection présidentielle. (source tempsreel. nouvelobs. com/24/05/2016)

# La Russie s'est convertie.

Sœur Lucie a été catégorique, c'est fait : « J'ai déjà dit que la consécration désirée par Notre Dame a été faite en 1984 et qu'elle a été acceptée par le ciel ». Le 17 novembre 2001, Mgr Tarcisio Bertone, secrétaire de la congrégation romaine pour la doctrine de la foi a rencontré sœur Lucie au couvent des carmélites de Coïmbra (Portugal) pour clarifier certains aspects de la publication du document "Le message de Fatima", du 26 juin 2000. Un document faisant suite à la publication du "troisième secret", le 13 mai 2000, à Fatima. (Source Cité du Vatican Zénith.org le 20 décembre 2001))

La salle de presse du Saint-Siège a publié le compte rendu de conversation portant les signatures de Mgr Bertone et de Sœur Lucie. En voici une traduction rapide, de l'italien.

Surtout les mois qui ont suivi l'attentat terroriste du 11 septembre 2001, sont parus dans des journaux italiens et étrangers, des articles concernant de soi-disant nouvelles révélations du Sœur Lucie, des annonces de lettres au Saint-Père, des ré-interprétations apocalyptiques du message de Fatima. On a en outre répété le soupçon que le Saint-Siège n'avait pas publié le texte intégral de la troisième partie du secret et certains mouvements de Fatima ont répété l'accusation que le Saint-Père n'avait pas encore consacré la Russie au Cœur Immaculé de Marie.

C'est pourquoi on a estimé nécessaire de rencontrer Sœur Lucie, en présence du Père Luis Condor qui est vice-postulateur de la cause des Bienheureux Francisco et Jacinta et de la Prieure du Carmel Sainte-Thérèse, avec le consentement du cardinal Joseph Ratzinger et des deux évêques de Leiria-Fatima et de Coïmbra, pour obtenir certaines clarifications et informations directes de la voyante encore en vie. L'entretien a duré plus de deux heures. Il a eu lieu dans l'après-midi du samedi 17 novembre. Sœur Lucie, qui aura 95 ans le 22 mars prochain, semblait en très bonne forme, lucide et alerte. Elle a avant tout affirmé son amour et sa dévotion envers le Saint-Père: elle prie beaucoup pour lui et pour toute l'Église. Elle est heureuse de la diffusion de son livre "Les appels du Message de Fatima".

Passant à la troisième partie du secret de Fatima, elle affirme : A qui est pris par le doute que quelque chose ait été caché du troisième secret, elle dit : « Tout a été publié, il n'y a plus rien de secret ». A qui parle et écrit à propos de nouvelles révélations, elle dit: « Rien n'est vrai là-dedans. Si j'en avais eu, je ne les aurais dites à personne, mais directement au Saint-Père! »... « J'ai encore posé trois questions explique Mgr Bertone.

« Est-il vrai qu'en parlant avec Don Luigi Bianchi et avec Don José dos Santos Valinho, vous avez mis en doute l'interprétation de la troisième partie du secret? » Sœur Lucie répond: « Ce n'est pas vrai. Je confirme pleinement l'interprétation donnée au cours de l'année jubilaire ».

La prophétie sur la Russie s'est convertie

Le Saint-Père me consacrera la Russie, qui se convertira, et il sera concédé au monde un certain temps de paix ». (Lucie de Fatima)

Au moment de la perestroïka, l'Église orthodoxe russe, émergeant de la persécution, apparaissait comme une grande force d'inspiration éthique et culturelle. Des adultes se faisaient baptiser par dizaines de milliers. Des confréries de laïcs s'organisaient aussi bien pour remédier aux misères de la société que pour restaurer les nombreuses églises que l'État restituait, le plus souvent en piètre état. Un puissant mouvement de renaissance spirituelle portait le nombre des monastères d'une dizaine à plus de quatre cent cinquante. Les œuvres des grands penseurs chrétiens du début du siècle et de leurs continuateurs dans la diaspora étaient massivement éditées. Le patriarche Alexis II affirmait l'indépendance de l'Église et il condamnait avec vigueur l'antisémitisme, archaïsme qui pèse encore sur l'Église russe. Des initiatives bénies par le patriarche se multipliaient, surtout à Moscou : de remarquables instituts de théologie, dont l'Institut biblique Saint-André, qui travaille en collaboration avec des protestants et des juifs. (source : extraits d'un article d'Olivier Clément paru dans Le Monde le 10 juin 1998)

Le Président russe, Vladimir Poutine, est lui-même un chrétien orthodoxe Les orthodoxes, sont une Église apostolique, la promesse de la Vierge est réalisée.

Il y a eu des guerres depuis la consécration, au Rwanda, en Yougoslavie, en Irak... mais rien d'aussi périlleux et d'aussi mondial que ce qui se profilait fin 1983: «L'URSS annonce en octobre qu'elle installera des missiles en Tchécoslovaquie et en RDA à courte et moyenne portée, et qu'elle va faire le nécessaire pour en déployer pouvant atteindre les USA en moins de 10 minutes. Les missiles américains commencent à être installés en Europe occidentale à partir de novembre 1983 : 108 missiles d'une portée de 1 800 km et 464 d'une portée de 2 500 km sont prévus. Ceci entraîne une rupture des négociations de Genève, sur décision de Moscou. Les soviétiques réagissent, notamment en installant des missiles à courte portée en Europe de l'Est et en déployant des sous-marins nucléaires à proximité relative des États-Unis... » (Source Wikipédia) Le 25 mars 1984 Jean Paul II, en demandant aux évêques de s'unir à lui, consacre à la Sainte Vierge les nations, et notamment celles qui en ont le plus besoin. La source Wikipédia précitée remarque : « Progressivement, le dialogue reprend après l'avènement de Gorbatchev, en mars 1985. » et aussi : « A partir de la fin d'année 1989 effondrement général des régimes communistes en Europe amorcé en 1985 avec la Perestroïka. »

Jésus à Vassula : « Écris : «Tout à la fin la Russie M'honorera et, un jour, elle sera appelée sainte, car Je serai son Souverain ; à nouveau, l'Intégrité y vivra... »

Vassula : « Seigneur, maintenant, la corruption est en train d'y pénétrer»

A l'époque un homme qui monte dans la hiérarchie de la deuxième plus grande ville de Russie sera témoin de cette corruption. Il s'agit de Vladimir Poutine responsable des relations extérieures de la mairie de Saint-Pétersbourg. On dirait que juste après l'échec du putsch d'octobre 1993, le Ciel facilitait la montée au pouvoir du chef qui la relèvera. « Les différentes directions de la municipalité sont placés sous sa responsabilité. Il a des contacts inévitables avec la pègre qui a intégré tous les cercles du pouvoir, la ville est théâtre d'une rivalité au couteau et à la kalachnikov entre la mafia de Kazan et celle de Tambov. Un soupçon de corruption pèse sur la mairie. On ne peut alors lui imputer des pots de vin. » (source : «Vladimir Vladimirovitch» roman de Bernard Chambaz, historien, éditions Flammarion )

# L'incendie a été allumé en Irak

Bien qu'elle se soit accomplie en 2003 la prophétie d'un paysan allemand de la région de Dortmund aura des conséquences jusqu'à la fin de la grande crise universelle.

## Prophétie de Jasper

Une guerre éclatera du côté de l'Orient avec tant de promptitude que le soir on dira la paix, la paix, il n'y en aura pas, les ennemis seront déjà à la porte et tout retentira de bruits de guerre.Ce ne sera pourtant pas une guerre de religion, mais tous ceux qui croiront en Jésus-Christ feront cause commune. Un signe principal du temps où cette guerre éclatera sera la tiédeur générale en matière de religion et la corruption des mœurs en plusieurs endroits." Celle-ci semble s'être réalisée le 19 mars 2003 au soir, avec le début des bombardements sur Bagdad. Le monde en subit toujours les retombées, voyons le en détail.

La tristesse et l'amertume se lisaient lundi 17 mars 2003 sur les visages de nombreux diplomates aux Nations Unies, qui ne cachaient pas leur déception devant l'échec retentissant de l'institution internationale dans la crise irakienne. « Presque tous les gouvernements et les peuples du monde avaient espéré que nous puissions parvenir à une solution pacifique. Dans la mesure où nous n'y sommes pas parvenus, c'est évidemment une déception et un triste jour pour tout le monde a déclaré la mine sombre le secrétaire général Kofi Annan à l'issue d'une réunion du Conseil de sécurité. (source sangonet.com/Fich5 ActuaInter Afric/ crise_IRAK_ gUS18ms03) Le 18 mars 2003 les inspecteurs en armements des Nations unies ont quitté l'Irak mardi matin à bord d'un avion pour Chypre, quelques heures après l'ultimatum de deux jours lancé par le président américain au président irakien. (même source)

Mercredi 19 mars la France, la Russie et l'Allemagne ont insisté sur la tenue à New-York d'une nouvelle séance du Conseil de sécurité, occasion d'une dénonciation de la décision américaine d'effectuer une intervention militaire préventive contre l'Irak. Le représentant américain n'y participera pas. Un responsable américain l'a qualifiée de réunion inhabituelle détachée à nos yeux de la réalité.(même source) Le 19 mars 2003 à 21h37, les États Unis ont lancé des bombes sur Bagdad. (source doc-etudiant.fr La guerre en Irak, causes, conséquences)

Le 20 mars 2003 le Secrétaire général de l'ONU s'engage à faire son possible pour que l'ONU relève le défi consistant à protéger la population civile d'Irak des conséquences de la guerre. « Aujourd'hui, malgré tous les efforts de la communauté internationale et de l'Organisation des Nations Unies, l'Irak connaît la guerre pour la troisième fois en 25 ans. Si nous avions persévéré un peu plus longtemps, l'Irak aurait peut-être pu être désarmé pacifiquement.» ( source un.org/ french/Depts/oip/ background/chron)

# 2013

Quelques signes d'alerte sur la crise universelle

Premier signe, les pluies torrentielles

MJJ : La grande révolution universelle, le début en sera en France. Des pluies torrentielles entraînant de grands retards dans les cultures seront un signe précurseur de cette révolution.

L'hiver 2012-2013 en France une pluviométrie a été sensiblement excédentaire. Sur l'ensemble du printemps et du pays, les précipitations, généralement plus fréquentes que la normale sont également excédentaires de plus de 30 %. (source meteofrance.fr), Un retard important dans le développement des cultures d'hiver et des semis de printemps a été observé sur la majorité du continent européen. (source terre-net.fr/ 21/05/2013) On verra cinq ans plus tard qu'elles n'étaient qu'un signe d'alerte en 2013.

Second signe, arrivée du pape de la fin des temps.

MJJ : Il faudra un homme fort comme une montagne, et un esprit point ordinaire, pour soutenir cette révolution et ce carnage.

Conchita annonçant la fin des temps à la mort de Jean XXIII : « Il y aura encore trois papes ... Je le sais de la Sainte Vierge. En fait, il y en aura encore quatre, mais il y en a un qu'elle ne compte pas... Elle a dit que l'un d'entre eux ne régnera que très peu de temps. »

Marie Julie Jahenny : Le premier pape ne verra pas la fin de la persécution, le second ne la verra pas non plus, son successeur régnera longtemps mais sera dur à trouver en raison de tant de décombres.

Pier Carpi : Alors le saint aux pieds nus descendra du mont...

Le pape Benoît XVI a annoncé qu'il allait démissionner le 28 février 2013. Le doyen du Collège des cardinaux a qualifié sa décision de coup de tonnerre dans un ciel serein. Le pape démissionnaire s'éloignera du mont du Vatican durant le conclave.

Pier Carpi: ... et, devant la tombe du va-nu-pieds ... (terme qu'il a utilisé entre autres pour Jean Paul II)

Le 2 avril le pape François s'est rendu le sur la tombe de Jean-Paul II, a annoncé le Saint-Siège.

Pier Carpi: ... éclatera le règne béni de la Très Sainte Vierge.

Louis Marie Grignion de Montfort: A la fin des temps c'est elle qui formera les grands saints car il n'y a que cette Vierge singulière qui puisse produire, en union avec le Saint-Esprit, les choses singulières et extraordinaires.

Pier Carpi: Ton règne grand et bref te mènera dans la terre lointaine où tu es né et où tu seras enseveli.

MJJ : Mes enfants, dit Jésus, voilà donc mon nouveau représentant placé à la tête de l'Univers. Il y aura beaucoup à souffrir. L'enfer va livrer une dernière lutte à mon représentant. Sa charge sera bien lourde.

Le besoin d'un pape fort fut invoqué par Benoît XVI le 11 février 2013 : « Dans le monde d'aujourd'hui, sujet à de rapides changements et agité par des questions de grande importance pour la vie de la foi, pour gouverner la barque de saint Pierre la vigueur du corps et de l'esprit qui ces derniers mois s'est amoindrie en moi est aussi nécessaire. Je dois reconnaître mon incapacité à bien administrer le ministère qui m'a été confié.» (source vatican.va)

Troisième signe, annonce de la chute de Rome.

A peine élu, en mars 2013, lors de son premier angélus place St-Pierre, le pape François fit un vibrant éloge à l'ouvrage du cardinal Kasper ouvrage qui lui a fait tant de bien.«La Miséricorde. Notion fondamentale de l'Évangile – Clé de la vie chrétienne » qui avait été publié pour le Carême 2012. Comment ne pas penser à la prophétie de Saint Anselme ? Malheur à toi, ville aux sept collines, lorsque la lettre K sera louée dans tes murs ! Alors ta chute approchera ; tes dominateurs et tyrans seront détruits. Tu as irrité le Très-Haut par tes crimes et tes blasphèmes, tu périras dans la défaite et dans le sang.

Saint Anselme n'a pas dit que la lettre K louée causera la chute de Rome mais seulement que cela arrivera à l'approche de cette chute.

MJJ : L'Église ne périra pas, mais elle va souffrir. Ses maux vont éclater à une hauteur qui fendra le cœur de qui l'aime. Elle souffrira longtemps hors de cette terre de France car, ici, les maux seront abrégés, mais ils seront profonds en leur peu de durée.

Quatrième signe: Un avertissement de Conchita a commencé à se vérifier en août.

Conchita en 1965 questionnée sur l'avertissement dit : «Quand le communisme reviendra tout viendra.» On voulu savoir ce que signifie revenir, elle confirma : «Oui, quand il reviendra à nouveau. » On demanda si c'était à dire que le communisme disparaîtra avant. Elle a dit : « Je ne sais pas. Quand le communisme reviendra a dit la Vierge. » (source Garabandal Der Zeigefinger Gottes d'Albrecht Weber)

Le 30 août 2013 : « On le croyait enterré avec le mur de Berlin, et pourtant le communisme a fait retour sur la scène publique, sous le visage de cette idée autour de laquelle, depuis une conférence en 2008, à Londres, s'agitent quelques grands noms à la gauche de la gauche européenne. L'idée a profité de l'essoufflement de l'altermondialisme en recombinant certaines de ses illusions majeures.» (source: ccr4.org/Pour-un-cours-nouveau-du-communisme-revolutionnaire)

18 décembre 2013, à la question : « Qui, selon vous, est le numéro deux en niveau d'influence ? » Vladimir Poutine répond : « ... nous avons beaucoup d'hommes politiques avec beaucoup d'expérience... Le leader des communistes. Je ne suis pas d'accord avec bien de ses opinions, ne les partage pas; d'autres me semblent parfaitement réalistes, en ce qui concerne les sujets internationaux ainsi que certaines questions sociales. Des millions de gens votent communiste. »

Cinquième signe : En octobre une vision de Don Bosco a commencé à se réaliser.

DB : Le pape constatant la fureur des ennemis et le péril auquel sont exposés les fidèles, convoque autour de lui les pilotes des bâtiments secondaires, afin de tenir conseil et de prendre des décisions.

Le Pape François a convoqué la troisième Assemblée générale extraordinaire du Synode des évêques. Celui-ci aura lieu du 5 au 19 octobre 2014 sur les défis pastoraux de la famille dans le contexte de l'évangélisation. Le code de droit canonique prévoit ce type de convocation lorsqu'un sujet d'intérêt universel pour l'Église, réclame une rapide définition : La décision du Saint-Père, a souligné le porte parole du Saint siège. montre qu'il entend élargir la réflexion et éclairer le chemin de l'Église en impliquant l'épiscopat mondial. (marseille.catholique. fr/11/10/2013)

DB : mais pendant que ce tient cette assemblée, le vent devient de plus en plus furieux.

Le pape François a ouvert dimanche dans une ambiance tendue un synode sur la famille, à huis clos. Signe que l'heure est difficile. Alors que ce synode débute au milieu de reproches acerbes entre conservateurs et libéraux, François les a tous suppliés samedi d' entendre le cri du peuple et de s'imprégner de l'odeur des réalités.La tension avait commencé à monter pendant l'hiver avec un questionnaire envoyé aux diocèses sur les nouvelles réalités. Elle s'était accrue en février quand il avait confié la présentation des enjeux du synode au cardinal théologien allemand Walter Kasper, connu pour son ouverture sur les divorcés remariés.( source liberation.fr/ 05/10/2014)

DB : et la tempête rugit tellement que les pilotes doivent retourner au plus tôt gouverner leur petit bateau. Une accalmie permet au pape de les réunir à nouveau.

« ... les Pères ... ont parlé haut, avec la présence du Pape, qui est une garantie pour tous de liberté et de confiance, et la garantie de l'orthodoxie. La Relation finale était le point culminant de toute la réflexion des Diocèses jusqu'à maintenant. Le Synode est un espace protégé afin que l'Esprit Saint puisse travailler; il n'y a pas eu de conflit entre les factions, mais une confrontation des évêques, après un long processus de préparation. Maintenant, cette Relation retourne dans les Églises particulières afin de préparer la prochaine Assemblée.» (source benoit-et-moi.fr/2014-II/synode-le-pape-donne-sa-version)

# 2014

L'époque annoncée par la prophétie de Saint Anselme s'est vérifiée en février 2014.

« Malheur à toi, ville des sept collines. Quand la lettre K sera acclamée à l'intérieur de tes murailles, alors ta chute sera proche. Tes gouvernants seront détruits. Par tes crimes et tes blasphèmes, tu as irrité le Très-Haut ; tu périras dans la déroute et le sang » Or le nom d'un cardinal allemand commence par la lettre K.

Il s'agit du cardinal Kasper. cardinal depuis le 21/02/2001.

Le pape François a fait un éloge du cardinal Kasper : « ... j'ai trouvé une théologie profonde, et une pensée sereine dans la théologie. Cela fait plaisir de lire une théologie sereine. J'ai aussi trouvé ... l'amour de la Mère Église... Cela m'a fait du bien et il m'est venu une idée, excusez-moi Éminence si je vous fais rougir, mais l'idée est que cela s'appelle faire la théologie à genoux. Merci. Merci.» (source fr.zenit.org/21/02/ 2014)

Retour de la Crimée à la Russie

Les tribus slaves s'installèrent dans les contrées du nord ukrainien au cours du VIIe et VIIIe siècle. Suite à l'invasion mongole, une partie des slaves émigrèrent vers le nord. (source :memoiresvives. over-blog.org / courte histoire de l'Ukraine)

Les discordes entre les fils du Prince de Novgorod permirent aux Mongols de faire peser leur joug sur toute la nation russe. Le plus jeune se déclara indépendant de son frère, prit le titre de grand-prince et fixa en 1295 sa résidence à Moscou, qui devint dès lors le centre national de la puissance russe. (source : cosmovisions.com / ChronoRussie ) Les Cimmériens et les Taurins sont les premiers à coloniser la Crimée, bientôt repoussés par les Scythes. Par la suite, Grecs, Romains, Alains, Sarmates, Goths, Huns et Khazars conquirent et peuplèrent la presqu'île. Le prince de Kiev envahit la Crimée en 988 et le christianisme devint religion d'État, puis en 1300 les cavaliers mongols la conquérir et l'Islam fut la religion principale et les Tatares créèrent le Khanat de Crimée en 1441. La région a été annexée par l'Empire russe en 1783, une grande partie de la population tatare alla se réfugier dans l'empire Ottoman.Les années suivantes furent le théâtre de nombreux conflits entre Russes et Ottomans, qui aboutirent à la guerre de Crimée(sans que la Russie soit dépossédée de la Crimée).

«Leurs Majestés l'Empereur des Français, la Reine du Royaume Uni de la Grande Bretagne et de l'Irlande, le Roi de Sardaigne et le Sultan s'engagent à restituer à Sa Majesté l'Empereur de toutes les Russies, les villes et ports de Sébastopol, Balaklava, Kamiesch, Eupatoria, Kertch, Ieni-Kaleh, Kinburn, ainsi que tous les autres territoires occupés par les troupes alliées » source : article 4 du traité de paix et d'amitié de Paris du 30 mars 1856) A l'automne 1941, les troupes d'Hitler l'envahirent. Elle fut reconquise en 1944 par l'Armée Rouge.

En 1969, pour les 300 ans de la signature du traité de Pereyaslav, Nikita Khrouchtchev offrit la Crimée à la

République soviétique d'Ukraine. Depuis les années 90, les mouvements autonomistes sont très forts en Crimée, soutenus par une majorité de la population pro-russe. Parallèlement, le retour des populations tatares, déplacées pour la plupart en Asie Centrale, crée également des conflits d'ordre social. (source : voyages-ukraine.com/histoire-crimee)

Le 17 mars 2014 les députés de Crimée ont adopté la Déclaration d'indépendance et ont demandé aux autorités de Russie d'accepter le rattachement de la République à la Russie. Le 21 mars Le président russe Vladimir Poutine a signé la loi sur le rattachement de la Crimée et de Sébastopol à la Russie et sur la période transitoire d'intégration de ces nouvelles entités de la Fédération de Russie. La signature des documents a eu lieu dans la salle Sainte-Catherine du Kremlin en présence des parlementaires invités.

Où l'on s'aperçoit que le mal existe

Mélanie Calvat : 25 ans d'abondantes récoltes leur feront oublier que les péchés des hommes sont cause de toutes les peines qui arrivent sur la terre .

Le pape François partage son inquiétude au cimetière militaire de Redipuglia :

«Après le second échec d'une autre guerre mondiale, on peut, peut-être, parler d'une troisième guerre combattue par morceaux... Aujourd'hui encore les victimes sont nombreuses... C'est possible parce que, aujourd'hui encore, dans les coulisses, il y a des intérêts, des plans géopolitiques, l'avidité de l'argent et du pouvoir, et l'industrie. Ces planificateurs de la terreur, ces organisateurs de l'affrontement, ainsi que les marchands d'armes, ont écrit dans leurs cœurs : - Que m'importe ? - ... passer de ce -Que m'importe ? - aux larmes... pour toutes les victimes de la folie de la guerre, en tout temps. L'humanité a besoin de pleurer, et c'est maintenant l'heure des larmes. (Source paxchristi.cef.fr/ le 13 septembre 2014)

De l'effondrement général en 1989 des régimes communistes en Europe à 2014 il s'est écoulé 25 ans.

Le pape François a exhorté les mafieux à se convertir sinon ils iront en enfer. Le 21 juin 2014 il a dénoncé la Ndrangheta pour son culte rendu au démon et a frappé ses membres d'excommunication. Spécialisée dans le trafic de cocaïne, c'est l'une des organisations les plus puissantes dans le monde. Les mafias utilisent tous les moyens pour obtenir l'approbation du peuple, y compris les symboles religieux... Selon les autorités les réseaux d'expansion de cette dangereuse organisation s'étendent aussi à l'Amérique latine, aux États-Unis et à l'Espagne.(source : fr.aleteia.org/14/7/2014/)

Cette prise de position a eu des conséquences bénéfiques : Quelque 200 mafieux de la prison de Lorino, ont voulu être éclairés sur les conséquences de l'excommunication ... Ils ont fait de leurs inquiétudes à l'aumônier... ils accueilli le message du Pape François avec un esprit de conversion et de repentir. (source : aleteia.org 14/07/2014)

Regard sur le jihad

Si du temps de Saddam, il n'y avait aucune présence d'Al-Qaïda en Irak, l'islamisation sunnite de la résistance à l'occupation américaine au service de la majorité chiite est un fait. Le jordanien Abou Moussab al-Zarkaoui, qui a combattu en Afghanistan, radicalise le sunnisme irakien pour faire le plus de victimes possibles contre les chiites,en 2011, les Américains entament leur retrait, le prétexte de la lutte contre l'occupation saute sauf que cela coïncide avec le début des printemps arabes. C'est l'occasion pour les djihadistes irakiens d'aller en Syrie, sur un terrain plus facile et pour s'y établir. Ils font de Rakka dans le nord-est leur centre de gravité. Ce qui leur permet trois ans plus tard de revenir en Irak, plus forts que jamais. Les djihadistes ne reculent devant aucune cruauté, il s'agit de se comporter comme les colonnes mongoles, de faire peur en tuant tout ce qui ne leur ressemble pas, pour faire fuir.Al- Qaïda a fini par se faire damer le pion par le nouvel État Islamique d'Abou Bakr al-Bagdadi... (source lejdd.fr/International/28/09/2014)

Un synode extraordinaire

Il s'est tenu sur la famille s'est tenu du 5 au 19 octobre 2014.

DB : Le pape constatant la fureur des ennemis et le péril auquel sont exposés ses fidèles, convoque autour de lui les pilotes des bâtiments secondaires, afin de tenir conseil et de prendre une décision. Tous les pilotes montent donc sur le navire-amiral pour se réunir autour du pape. Mais pendant que se tient cette assemblée, le vent devient de plus en plus furieux et la tempête rugit tellement que les pilotes doivent retourner au plus tôt gouverner leur petit bateau.

Synode sur la famille: les propositions du pape François déclenchent une tempête... Le père Lombardi, porte-parole du Saint-Siège, a rappelé que le synode donnerait lieu l'an prochain à «une seconde session. (source lefigaro.fr/14/10/2014)

Sans rien cacher des difficultés vécues durant ces deux semaines de débats, le Pape François a tiré un bilan positif de cette expérience synodale, vécue dans une liberté de parole inédite. Nous avons encore un an pour mûrir, dit-il, avec un vrai discernement spirituel, les idées proposées et trouver des solutions concrètes à tant de difficultés et d'innombrables défis que les familles doivent affronter, à donner des réponses à tant de découragements qui entourent et étouffent les familles. (source radiovaticana.va/18/10/2014)

SEA : Le mauvais exemple des parents produit dans les familles scandales et infidélités... La maison, source de foi et de sainteté, est devenue souillée et corrompue. L'obstination des hommes ne change pas...

Conchita a appris durant une extase, qu'un signe sera donné, une sorte de pré-avertissement, et qu'il s'agirait d'un synode important selon le R.P. Eusebio Garcia de Pesquera, capucin près de Santander. (source lavoieduciel.canalblog.com)

Comparons les interviews sur l'avertissement de Conchita, Marie Loli Jacinta (carnets du Père Combe) et l'interview du père jésuite Antonio Spadaro, membre du Synode sur la famille, sur les rapports Église, monde, miséricorde, péché, vérité de l'Évangile sur le synode. (source: zenit.org/fr 19/10/ 2015)

Jacinta : Pour voir en nous le bien et le mal que nous avons fait.

A. Spadaro : Processus de discernement avec la réalité.

Conchita : Dans toutes les parties du monde.

A. Spadaro : Dans la salle du synode, on se rend compte d'avoir le monde entier devant nous.

Conchita : Révélation de nos péchés pour que nous nous amendions.

A. Spadaro : A la lumière de la miséricorde, du pardon du Seigneur, je comprends mon péché.

Conchita : Les bons pour se rapprocher de Dieu, les autres pour qu'ils s'amendent.

A.Spadaro : Dans le vécu, les expériences conflictuelles ou au contraire sereines.

Conchita : Temps pour être confrontés de façon vécue à la justice de Dieu.

A. Spadaro : Le risque est de tomber dans une sorte de grand sentiment de culpabilité

Marie Loli : Pas pour faire peur mais plutôt avec justice et amour.

SEA : L'obstination des hommes ne change pas... Le monde s'est précipité dans une corruption inimaginable... Ceux qui nous gouvernent ... pendant qu'ils parlent de paix, ils préparent les armes les plus mortelles... pour détruire des peuples et des nations.

Le 8 novembre Gorbatchev constate : « On essaie de nous attirer dans une autre guerre froide. On voit de nouveaux murs. En Ukraine, c'est un fossé énorme qu'ils veulent creuser. Le danger est toujours là. Ils croient qu'ils ont gagné la guerre froide. Il n'y a pas eu de vainqueur, tout le monde a gagné. Aujourd'hui ils veulent commencer une autre course aux armements. Poutine défend mieux que quiconque les intérêts de la Russie. Il y a dans sa politique de quoi attirer les critiques. Je ne souhaite pas le faire ni que quelqu'un d'autre le fasse » (Source Le Point.fr le 08/11/2014)

**2015**

Prémices de la chute de Babylone

La chute de notre civilisation était inéluctable. Elle était fondamentalement injuste, la seule possibilité d'espérer limiter son effondrement cataclysmique, ou de ne pas être emporté avec, sera de l'oublier sans retour :

Maria Valtorta : Mais comment se fait-il qu'ils n'aient pas pensé que la grande Babylone c'est toute la terre ?

Saint Jean en avait vu la chute:

« Ils se lamenteront sur elle les rois de la terre, les compagnons de sa vie lascive et fastueuse quad ils verront la fumée de ses flammes, retenus à distance par peur de son supplice ... Les trafiquants de la terre... personne n'achète plus leur cargaisons d'or et d'argent... les esclaves et la marchandise humaine. Les fruits mûrs que convoitait ton âme... le luxe et la splendeur, c'est à jamais fini pour toi sans retour. Les trafiquants de ces denrées, qui s'enrichissaient d'elle... se lamenteront ... tes marchands étaient les maîtres du monde et tes maléfices ont séduit toutes les nations ; et l'on a trouvé chez toi le sang des prophètes et des saints, et de tous ceux qu'on a égorgés sur terre. »(extraits de l'apocalypse de Saint Jean)

Maria Valtorta : Maintenant vous êtes au sommet de l'âge du monde et vous avez atteint aussi le summum de la malice et de l'orgueil.

S'il nous reste encore des doutes sur l'inhumanité de notre monde voyons un exemple de notre temps :

Glyzelle Palomar, 12 ans et Jun Chura, 14 ans, ont été sauvés de la rue par l'ONG Tulay Kabataan (Fondation ANAK-tnk) Une grande sœur de Glyzelle puis un petit frère ont aussi été pris en charge: ils étaient dans la rue, leurs parents étant trop pauvres pour les élever. On estime à 1,5 million les enfants des rues aux Philippines, dont 70 000 à Manille.

« Il y a beaucoup d'enfants négligés par leurs parents, beaucoup deviennent des victimes de beaucoup de choses terribles, comme les drogues ou la prostitution. Je me nourrissais avec ce que je trouvais dans les ordures. Je ne savais pas où aller, et je dormais sur le trottoir. Des choses terribles, que je n'aime pas , arrivaient dans la rue à mes compagnons. On leur enseignait comment voler, à tuer aussi, ils n'avaient plus de respect pour les adultes. Pourquoi Dieu permet-il que ces choses arrivent à des enfants innocents? Pourquoi si peu de gens viennent nous aider?» demanda Glyzelle , laissant échapper ses larmes. Elle s'est approchée du pape, il lui a posé la main sur la tête pour la réconforter . Le pape fait observer : « Attention ! Elle a posé aujourd'hui la seule question qui n'a pas de réponse. Et elle a dû le dire par des larmes. Cette question est celle de la souffrance des enfants. Pourquoi faut-il qu'ils pleurent ? Quand je vois un jeune qui a faim, se drogue, n'a pas de maison, est abusé, utilisé comme esclave est-ce que j'ai appris à pleurer ? Elle nous a enseigné à pleurer. N'oublions pas cette grande question : Pourquoi tant d'enfants pleurent ? Elle l'a posée en pleurant. Pour pouvoir comprendre ces larmes, pour pouvoir répondre : Apprenons à pleurer.» (Source zenith.org 18/01/2015)

« Ce qui m'inquiète c'est le triomphalisme des trafiquants de drogue. Ces gens chantent leur victoire au dehors, ils sentent qu'ils ont gagné, qu'ils ont triomphé... » ( pape François à Rome le 07/02/2015 source la-croix.com)

Sept mois avant le synode sur la famille d'octobre 2015, une journaliste mexicaine a demandé au pape : « Les divorcés remariés pourront-ils communier ? » Il lui a répondu :  « On ne résout rien en donnant la communion aux personnes divorcées remariées. Ce que l'Église veut, c'est que tu t'intègres à sa vie.» (source: imedia-info.org 13 mars 2015)

«L'année sainte s'ouvrira le 8 décembre, fête qui montre comment Dieu agit dès le commencement de notre histoire. Après qu'Adam et Eve eurent péché, Dieu n'a pas voulu que l'humanité demeure seule et en proie au mal. ( Pape François le 11 avril 2015) événements.» (source:france24.com/15/03/2015.)

Axelle a parlé de l'ordre semblant établi qui vacillera en France. On le vivra au printemps 2018. Il y a dix ans déjà on en vivait un signe d'alerte.

Émeutes de 2005, les trois semaines qui ont secoué la France. : francetv info revient sur cet épisode qui a fait vaciller l'ordre républicain. (source fr. news. yahoo.com/le 16/3/2015)

Le président russe à la veille du premier anniversaire du retour de la Crimée à la Russie a confié : « Nous étions prêts à mettre en état d'alerte le dispositif nucléaire face à la tournure la plus défavorable qu'auraient pu prendre les événements.» (source: france24.com/ 15/03 /2015.)

En début de campagne des élections départementales de mars les appels à la haine et à la violence contre le FN, selon son secrétaire national, se multiplient de la part des plus hauts responsables politiques et portent leurs fruits. Depuis qu'il est entré en campagne le premier ministre a instauré un climat d'agressivité, les militants d'extrême gauche se sont libérés, les actes d'agression se sont multipliés assure son secrétaire national. (source : lefigaro.fr 24 mars 2015)

« Le grand fleuve Euphrate alors ses eaux se tarirent pour livrer le passage aux rois de l'Orient. » Apocalypse chapitre 16 verset 12) : « Les djihadistes de Daech s'emparent de barrages sur l'Euphrate... pour ... en réduire le niveau... pour leurs opérations militaires. Les forces de l'État islamique peuvent en effet se rendre plus facilement d'une région à une autre lorsque le lit du fleuve est abaissé. (source: tempsreel.nouvelobs.com/ 3 juin 2015)

« Il y a dans le monde de nombreux conflits armés, sorte de troisième guerre mondiale livrée par morceaux et, dans la communication globale, on perçoit un climat de guerre. Certains veulent le créer et l'attiser délibérément, en particulier ceux cherchant l'affrontement entre différentes cultures et civilisations et ceux qui spéculent sur les guerres afin de vendre des armes et de s'enrichir... Que de souffrance, que de destructions, que de douleur. Aujourd'hui, que de cette ville, se lève encore une fois, le cri du peuple de Dieu et de tous les hommes et les femmes de bonne volonté : « Jamais plus la guerre ! » (Pape François Juin 2015 Sarajevo : source eglise.catholique.fr)

A Marpingen le 6 septembre 1999, la Sainte Vierge a confirmé : « C'est vrai qu'il n'y aura pas de troisième guerre mondiale. » Selon Joey Lomangino, il peut y avoir des escarmouches ou des guerres limitées entre les pays, mais pas un conflit mondial.

L'Europe financière a dérapé

Fin juin 2015 l'ex président du FMI, Dominique Strauss-Kahn critique le caractère inepte, désastreux des ajustements budgétaires sévères qui ont été la règle dans la zone euro , dans la foulée de la crise : «Forcer le gouvernement grec à céder créerait un précédent tragique pour la démocratie européenne et pourrait mettre en marche une réaction en chaîne incontrôlable » (source : liberation.fr)

Alexis Tsipras a constaté le 8 juillet 2015 : « Nulle part les programmes d'austérité n'ont été aussi durs et aussi longs qu'en Grèce, devenue ces cinq dernières années, champ d'expérimentation de l'austérité et cette expérience a échoué. Le chômage, la pauvreté, la marginalisation et l'exclusion ont explosé, tout comme la dette publique.» Le gouvernement grec a été forcé à céder , l'accord avec ses créanciers pourrait mener l'Union européenne à sa perte... les conditions de l'accord sont effrayantes ... le contexte de ce diktat crée un climat dévastateur en Europe selon Dominique Strauss-Kahn. Madame Christine Lagarde, qui lui a succédé à la tête du FMI , a de nouveau exigé le 14 août 2015, un allègement significatif de la colossale dette grecque jugée insoutenable. Il est primordial que les partenaires européens de la Grèce prennent des engagements concrets pour apporter un allègement significatif de la dette qui aille bien au-delà de ce qui a été considéré jusqu'ici a-t-elle ajoutée.

Jacinta en août 1979 : Interrogée sur ses souvenirs sur la grande tribulation, le communisme, a expliqué que c'était un grand mal et où le communisme jouait un grand rôle, elle ne se souvenait pas quels pays ou régions seraient frappés. Ces événements difficiles auront lieu avant l'Avertissement.

Marie Loli s'explique en octobre 1982 sur ce que la Mère bénie a dit sur la tribulation causée par le communisme qui précédera l'Avertissement : « Il m'a semblé que c'était comme si les communistes avaient pris le pouvoir dans le monde entier. Pour moi l'Europe c'était le monde entier. La Mère bénie n'a pas spécifié où ce serait. »

« ... ce sont les communistes qui ont volé à l'Église le drapeau de la pauvreté. Le drapeau des pauvres est chrétien. La pauvreté est au centre de l'Évangile. Prenons Mathieu chapitre 25, le protocole sur lequel nous serons tous jugés : 'J'ai eu soif, j'ai eu faim, j'ai été en prison, j'étais malade, j'étais nu' ou regardons les Béatitudes, une autre bannière. Les communistes disent que tout cela est communiste. Avec 20 siècles de retard sur nous ! On pourrait leur dire : mais alors vous êtes chrétiens ! » (source : aleteia.org / 20/07/ 2015 citant une interview du pape François au journal romain « Il Messagero)

Ce n'est pas sur ce point que les chrétiens avaient peur des communistes au pouvoir mais c'était à cause des persécutions.

Galina se souvient de la fin de l'été 1979, les chrétiens étaient alors sévèrement opprimés sous le régime soviétique. Elle avait enseigné en colonie de vacances chrétienne ce qui n'était pas permis par les autorités soviétiques. Alors qu'il traversait les paysages ukrainiens, le train s'approcha d'une ville et s'y arrêta ; le KGB monté à bord, Galina fut vite repérée. La jeune femme fut arrêtée et envoyée dans un camp de concentration où les conditions de vie y étaient épouvantables et les enfants abandonnés sur le quai. » (source : portesouvertes.fr 16/11/2009)

La persécution des chrétiens cause 100.000 morts par an... au Moyen-Orient, en Afrique, en Chine, en Inde ou en Corée du Nord, où aujourd'hui, 40.000 sont incarcérés dans des camps de travaux forcés. Les phénomènes très variés ont deux caractéristiques communes. La persécution la plus violente a lieu généralement là où un processus de changement important est en cours: là où il y a choc de pouvoirs, ou lorsqu'un pouvoir veut imposer son projet. Dans cette situation, les chrétiens, comme au premier siècle, sont généralement gênants parce qu'ils ne suivent pas la logique que le pouvoir veut imposer. (source : « Cristianos y leones » livre de Fernando de Haro sur la persécution des chrétiens dans le monde, éditions espagnoles Planeta 2013.

Un climat dévastateur affecte l'Église : « Pourquoi certains pasteurs veulent-ils proposer l'impossible ? Je ne sais pas. Ils cèdent peut-être à l'esprit du temps, peut-être se laissent-ils emporter par l'approbation humaine véhiculée par les médias ... Être critique vis- à-vis des médias est certainement moins agréable, mais un pasteur ne doit pas décider sur la base de l'applaudissement des médias ; son mètre de mesure doit être l'Évangile, sa foi, la saine doctrine, la tradition. » Entretien avec le préfet de la Maison pontificale le 24 juillet 2015 trois mois avant la fin programmée du synode. (source zenith.org)

SRCA : Avec le précurseur de l'Antéchrist marcheront de nombreux sectaires appuyant du poignard de la prédication de leurs nouveaux principes contre l'Église. Leur astuce sera si déliée qu'ils gagneront à leur parti des gens bien pensants. L'épiscopat tiendra ferme ; quelques uns de ses membres feront à peine défaut à la foi.

Le 21/07/2017 le voile sera levé sur cette énigme : De l'Église allemande ces trois dernières années ont soufflé les vents les plus forts du changement avec le cardinal

Marx qui a dit devant les micros que Rome ne nous dira jamais ce qu'il faut faire ou ne pas faire en Allemagne . (source dieuetmoilenul.blogspot.fr/)

Jean-Luc Mélenchon, parti de gauche (France), Zoe Konstantopoulou, présidente du Parlement hellénique, Stefano Fassina ancien vice-ministre de l'économie italienne, Oskar Lafontaine, cofondateur de Die Linke (Allemagne) Yanis Varoufakis, ex ministre des Finances (Grèce) constatent que cette Europe ne produit que des violences dans les nations et entre elles : chômage de masse, dumping social féroce et insultes attribuées aux dirigeants allemands contre l'Europe du Sud . Elles sont répétées par toutes les « élites » y compris celles de ces pays. Ils se disent déterminés à rompre avec cette Europe, pour reconstruire des coopérations entre nos peuples et nos pays sur une base nouvelle... Si l'euro ne peut pas être démocratisé, s'ils persistent à l'utiliser pour étrangler les peuples nous nous lèverons, et leur dirons :  « Vos menaces ne nous effraient pas. Nous trouverons un moyen d'assurer aux Européens un système monétaire qui fonctionne avec eux, et non  à leurs dépens » (source : melenchon.fr/11/10/2015)

Jacinthe de Fatima : Ne vois-tu pas tant de routes, tant de chemins et de champs pleins de gens qui pleurent de faim et n'ont rien à manger

Le Haut-Commissariat pour les réfugiés de l'ONU prévoit que 700 000 migrants chercheront refuge en Europe en 2015, en traversant la mer Méditerranée. (source : lemonde.fr/01/10/2015)

Une manifestation d'employés d'Air France le lundi 5 octobre 2015 a vu deux de ces dirigeants subir la colère de la foule. «Nous ne cautionnons pas ce genre d'incidents, mais, s'il n'y avait pas eu ça, quel temps on aurait consacré à un plan de licenciement de 3000 salariés ? La violence sociale, il faudrait en parler un peu plus, mais perdre son boulot ça c'est violent .. J'ai entendu des membres du gouvernement dire : " Air France ne nous regarde pas, c'est une entreprise privée." C'est un vrai problème, ou gouvernement et patronat écoutent ou on s'expose à des gestes comme ceux qu'on a connus. C'est un signal d'alerte.» a déclaré le 7 octobre le secrétaire de la CGT au micro de France info. (source : lesechos.fr/extraits)

DB : Une accalmie permet au pape de réunir de nouveau les pilotes des bâtiments secondaires. La bourrasque reprend hélas avec plus de vigueur.

Depuis plusieurs mois, le pape semble être pris dans une tourmente affectant l'Église tout entière. Le malaise s'accentue de mois en mois, et la contestation prend désormais un ton public, au sein même de l'Église et chez ses pasteurs les plus en vue, sans parler des médias. (source libertepolitique.com/19/10/2015)

10/11/2015: A l'occasion de la sortie du livre d'André Senik aux éditions Pierre-Guillaume de Roux: « Le manifeste communiste aux yeux de l'histoire » l'historien Jean-Michel Thermeau parle du manifeste en ces termes : « Appel à la révolution mondiale, il nourrit toujours des schémas de pensée contemporains où les dominés et les dominants remplacent les prolétaires et les bourgeois.» (source : contrepoints.org/10/11 :2015)

Madame Royer : Une toile de tente abritant des méchants qui travaillent dans l'ombre, préparant des armes... On amasse du bois pour allumer l'incendie.

Difficile de ne pas y penser avec les événements de novembre 1995 en France.

« Sans l'élément chrétien , l' Islam va mourir et l'Occident aussi.. Les chrétiens sont un exutoire de la violence en cette région du fondamentalisme islamique aujourd'hui, qui va jusqu'à la barbarie. Les chrétiens sont les vrais citoyens de ces pays , présents avant l'arrivée de l'Islam. C'est grâce à eux que la pensée grecque est passée en Occident... » propos du Père dominicain irakien Ephrem Azar . Il met en garde tous les français : « Le danger sera là bientôt, chez vous, donc il faut être vigilant, éveillé, être vrai. L'Occident est complètement endormi, c'est invraisemblable.» (source : Lettre d'information n°6 des donateurs SOS chrétiens d'Orient.) J'ai lu cette lettre le dimanche 8 novembre 2015 ; cinq jours après son avertissement à la France se vérifiait dans les cruels attentats de Paris faisant 129 morts et de nombreux blessés.

130 personnes étaient tuées par des terroristes dans les rues, en terrasse ou en concert à Paris et à Saint-Denis le 13 novembre 2015 . Quatre jours après un journaliste français dressait ce constat: Il existe un consensus, notamment à Paris et à

Washington parmi politiques et chefs militaires afin de ne pas envoyer de troupes occidentales au sol contre Daech. Le même consensus consiste à considérer que, si les guerres ne peuvent pas se gagner seulement avec des interventions aériennes, Égyptiens, Jordaniens, Kurdes, Irakiens, Turcs, les Saoudiens... pourraient envoyer des troupes. Cela ne semble pas vraiment sérieux. Aucune des armées citées n'a les moyens et plus encore la volonté de se lancer dans une guerre à grande échelle contre l'État islamique. (source slate.fr/story/17/11/2015)

25 novembre 2015 : L'arrivée au pouvoir du PS, avec le soutien des partis à sa gauche (pour la première fois depuis 40 ans), ouvre clairement une nouvelle situation politique au Portugal. (source:npa2009.org/)

MJJ : En beaucoup d'endroits de France, les ennemis, quoique unis dans le même parti et après ces accords terribles qui nous conduiront à l'abîme, se battront entre eux... la France marchera la première à l'abîme.

Les abstentionnistes sont une fois de plus le parti largement majoritaire : on se dit que la complicité entre les faux adversaires PS et UMP qui mènent la même politique depuis 30 ans va un peu loin. Ni les uns ni les autres ... n'ont de leçons de démocratie à donner... Le front républicain est une escroquerie ... à chacun de voter en conscience. (source france-rebelle.com/-le-front-republicain-c-est-quoi /le 21/03/2011) Dès le verdict des urnes au soir du 6 décembre 2015, une classe politique désemparée assiste au début de dislocation du front républicain. La situation atteindra son paroxysme avec le premier tour des élections présidentielles 2017. Le député PS Benoît Hamon a appelé à réactiver le clivage droite/gauche se disant préoccupé qu'à travers le vote d'extrême droite, comme à travers l'abstention, y compris parmi leurs électeurs, perce une demande qui en a marre de cette forme d'indifférenciation droite/gauche...les électeurs ne le perçoivent pas de manière très claire, ne perçoivent pas les différences. (source : fr.news. yahoo. com/ 14/12/2015)

MJJ : En descendant sur le midi où la colère de mon Fils parle déjà, au moment ou des rassemblements d'humains marcheront triomphalement, semblables à des lions sous l'empire des gouvernants pour piller la France...

«Vote FN massif, interprété par les ténors LR comme la traduction d'une "colère" envers le gouvernement et d'une "peur". » (source ; levif.be/actualite/07/12/2015)

Comment le Président, le Premier ministre et les membres du gouvernement ont vécu la soirée électorale et ont décidé du retrait des candidats PS dans le Nord et en Paca. A Matignon, le Premier ministre réunit quelques ministres... Rue de Solférino le bureau national du PS prend la décision d'annoncer le retrait des listes socialistes dans les deux régions gagnables par les Le Pen. C'est une décision de direction politique, on a appelé les candidats afin de les prévenir de notre choix. (source lejdd.fr/ 07/12/ 2015)

Constat : 719746 voix pour le FN au premier tour des élections régionales et 886147 voix au second tour. Depuis le 13 Novembre, dans la tragédie ou dans l'affrontement politique, la culture républicaine résiste... malgré les difficultés, pour offrir au PS un nombre de régions inespéré. Le PS ne pourra indéfiniment sauver sa peau en agitant l'épouvantail FN. (source : liberation.fr/france/ 13/12/2015)

« ... La défense républicaine a sauvé les meubles. Il reste un an pour commencer de réhabiliter l'action politique, agir en faveur des classes populaires, secouer le joug de l'orthodoxie, Il est temps de passer à l'offensive.» (source : liberation.fr/france/ 13/12/2015)

Le constat qu'avait fait Philippe de Villiers dans son livre « Le moment est venu de dire ce que j'ai vu » chez Albin Michel en octobre 2015 était déjà terrible: «Le désastre ne peut plus être maquillé...Nous sommes entrés dans les temps où l'imposture n'a plus ni ressources, ni réserves. La classe politique va connaître le chaos. Il n'y a plus ni précaution à prendre, ni personne à ménager. »

Fin 2015 : « Les enquêteurs ont découvert un faux ventre de femme enceinte qui pourrait servir à dissimuler des objets.(source rtl.be/info/ 23/12/2015) La nouvelle est tombée à deux jours du 25 décembre, jour où les chrétiens d'occident célèbrent la naissance du fils d'une jeune femme vierge de Palestine, qui a accepté de porter en elle une vie, pour donner la vie au monde. Qu'une femme puisse porter sur elle la mort, montre que les pires temps de l'humanité sont arrivés.

**2016**

Avant dernière année avant la révolution universelle

Une prophétie sur les Églises s'est accomplie

SRCA : Les Russes cédant enfin aux remontrances du Souverain Pontife, auront des sentiments plus équitables pour les catholiques. Monsieur Thomas Bremer, professeur à l'institut œcuménique de l'université de Münster explique que les cinq premières années de la papauté de Joseph Ratzinger ont permis une amélioration considérable dans les relations entre l'Église catholique et l'Église orthodoxe russe. Une commission mixte suit cette situation de près. Le prosélytisme est chose complexe. Des personnes 74 d'origine polonaise ou lituanienne, qui ont perdu la foi, à l'époque soviétique sont maintenant revenues au sein de l'Église. Des personnes qui étaient athées ayant découvert la foi catholique ont souhaité s'y faire baptiser. On compte aussi des orthodoxes convertis au catholicisme. L'inverse existe aussi. (source egliserusse.eu/21 avril 2010)

La notion d'unité est ultrasensible dans le vocabulaire orthodoxe russe, qui préfère s'en tenir à celle d'alliés pour témoigner ensemble des valeurs chrétiennes. Mais le Saint-Siège s'en accommode et se lance dans les négociations ... il y a une volonté d'avancer... la mise en avant d'emblée par le nouveau pape de son titre d'évêque de Rome et sa relance dans l'Église catholique de la synodalité – terme familier à l'orthodoxie – facilitent le dialogue ... ( source la-croix.com/ le 07/02/2016)

Déclaration après suite à la rencontre à Cuba : «... nous sentons avec une force particulière la nécessité d'un labeur commun des catholiques et des orthodoxes, appelés ... Nous déplorons la perte de l'unité, conséquence de la faiblesse humaine et du péché ... nous voulons unir nos efforts pour témoigner de l'Évangile du Christ et du patrimoine commun de l'Église du premier millénaire ... Nous ne sommes pas concurrents, mais frères... Signé Kirill Patriarche de Moscou et de toutes la Russie /François Évêque de Rome,Pape de l'Église catholique. (source egliserusse.eu/13 février 2016)

    La consécration de la Russie en 1984 a été suivie de 1985 à 1989 d'un intense bouleversement, commenté avec étonnement en 1995 par Henry Kissinger en ces termes :

    « Il s'est produit l'un des événements les plus inattendus et les plus mystérieux de l'histoire de l'humanité. Une superpuissance, l'Union soviétique, s'est de son plein gré, privée de ses alliés et a cédé toutes ses positions sans rien exiger en échange ; puis s'est effondrée en donnant naissance à 15 États indépendants. « Aucune grande puissance ne s'est jamais désintégrée aussi radicalement, aussi rapidement sans avoir été vaincue par les armes », s'étonnait Henry Kissinger en 1995. Pourtant moins de deux ans avant , si une guerre russe offensive contre le monde libre n'était plus une certitude, elle restait possible. Il en résulta la concrétisation de la promesse de Notre Dame à Fatima : « Un certain temps de paix sera donné au monde » sachant que n'était pas promis un monde sans guerre, il y en a eu : Placé devant un nom commun, et c'est le cas, certain désigne quelque chose qu'on distingue sans grande précision. (source larousse.fr/) Après l'échec du putsch d'octobre 1993 la Fédération de Russie adopte une nouvelle constitution par référendum au mois de décembre suivant .

Vassula prophétesse orthodoxe s'entretient avec Jésus au lendemain du référendum :

Jésus : «Tout à la fin la Russie M'honorera et, un jour, elle sera appelée sainte, car Je serai son Souverain ; à nouveau, l'Intégrité y vivra... oui ?»

Vassula : « Seigneur, maintenant, la corruption est en train d'y pénétrer»

A l'époque homme qui monte dans la hiérarchie de la deuxième plus grande ville de Russie sera témoin de cette corruption. Il s'agit de Vladimir Poutine responsable des relations extérieures de la mairie de Saint-Pétersbourg. Il sera à partir de 1994 premier adjoint du maire. On dirait que neuf ans après la consécration de la Russie et juste après l'échec du putsch d'octobre 1993, le Ciel facilitait la montée au pouvoir, du chef qui la relèvera, d'abord comme adjoint au maire de Saint-Pétersbourg.

« Dans l'effondrement général de l'ancien régime Saint-Pétersbourg devient la capitale du crime. En deux à trois ans, il est témoin de l'enrichissement phénoménal de ceux qui savent profiter du chaos économique, d'une fuite faramineuse des capitaux vers l'étranger. » (source : «Vladimir

Vladimirovitch» roman inspiré par la vie de Vladimir Poutine, de Bernard Chambaz, historien, éditions Flammarion 2015) «L'ouverture le 09 /11/1989 du mur de Berlin apparaît comme un moment majeur de l'histoire du XXe siècle. Il conduit à la disparition du rideau de fer qui, depuis la fin de la Seconde Guerre mondiale et durant toute la période de la guerre froide, sépare l'Europe en deux blocs...» (source cndp.fr/entrepot/index.php?id=961)

Secret de la Salette de Mélanie : Alors se fera la paix, la réconciliation de Dieu avec les hommes... Mais cette paix parmi les hommes ne sera pas longue : 25 ans de récoltes abondantes leur feront oublier que les péchés des hommes sont causes de toutes les peines qui arrivent sur la terre. » Daech annonce le 29 juin 2014 rétablissement du califat sous le nom "État islamique" dans les territoires sous son contrôle. (source ciip.fr/spip.php?article813)

MJJ : Les puissants de la terre auront entre eux des disputes infernales... Il y aura partout et de toutes parts, dans les coins de la Terre, des châtiments et des justices de Dieu parce qu'ensuite la paix doit régner partout.

Mickaïl Gorbatchev : « J'ai l'impression qu'on essaie de nous attirer dans une nouvelle guerre froide. Il faut arrêter quiconque veut une nouvelle guerre froide.» (source lepoint.fr 18/09/2014) Poutine défend mieux que quiconque les intérêts de la Russie. Il y a dans sa politique de quoi attirer les critiques. Je ne souhaite pas le faire et ne veux pas que quelqu'un d'autre le fasse. » (source le figaro.fr/ 06/11/2014)

Début avril 2016 : « Il y a quelques mois quand ont commencé à circuler des ragots sur les 200 milliards de dollars de Vladimir Poutine, j'ai sondé mon entourage : Professionnels, voisins, commerçants . L'immense majorité a répondu en substance «... même si c'était vrai, on s'en fout, ce qui compte c'est ce qu'il a fait pour nous et la Russie ». (source jeanfouche.wordpress.com 03/04/2016)

Vladimir Poutine paraît être l'empereur de Russie, un prince du Nord qui se convertira de la prophétie de l'Abbé Souffrant et le personnage dans la vision de Don Bosco : « Le Pape ira au-devant du guerrier du Nord, dont l'étendard noir deviendra blanc.»

A la chute de l'Union soviétique la religion avait été perçue en alternative au communisme après une persécution antichrétienne, la pire de l'histoire.

Trente ans après l'Église russe fonctionne sur un modèle guère différent de l'époque impériale. Elle sert d'idéologie de rechange à un régime nationaliste.» (source slate.fr/story/08/12/2014)

Signes d'alertes en Angleterre


Père Nectou, à propos de la crise universelle : On sera près de cette catastrophe quand l'Angleterre commencera à s'ébranler.


L'austérité qui menace le système de santé britannique, gratuit, empêche les autorités locales de construire des logements, pousse les gens sans emploi à accepter des contrats sans indications d'horaires ou de durée minimum de travail, menace l'avenir des jeunes est un combat de notre temps a martelé une responsable du parti travailliste à Londres lors d'un cortège de membres de l'opposition et de militants pacifistes, syndicalistes. Selon un des pacifistes l'austérité n'est pas une nécessité économique, mais un choix politique. Les conservateurs augmentent les impôts, mais certains en paient plus que d'autres, et ce ne sont pas les plus riches. Le mouvement qui s'oppose à l'austérité avait déjà rassemblé plusieurs dizaines de milliers de personnes en octobre 2015 à Manchester. ( source sudinfo.be/16/04/2016)


MJJ : A cette époque, l'Angleterre aura trahi son peuple sous l'empire d'une reine. Cette terre sera divisée en quatre parties, car leurs volontés ne s'accorderont nullement.


La sortie de la Grande Bretagne de l'Union européenne votée, lc processus enclenché avec les dévolutions en Écosse, Pays de Galles et Irlande du nord risque de s'accélérer.

MJJ : La volonté des catholiques sera rejetée.

Les partisans majoritairement protestants du maintien de l'union de l'Irlande du nord avec le Royaume-Uni, considèrent le retrait de l'Union Jack du fronton de l'hôtel de ville de Belfast, comme une forme de concession aux nationalistes, majoritairement catholiques qui souhaitent une réunification de l'île. (source francetvinfo.fr/09/01/2013)

Le souffle révolutionnaire

MJJ : Sur un fond général de confusion et de désordre, se détachent des époques, comme les degrés d'une progression. Une attaque violente et une tempête furieuse viendront tout agiter. Le déluge de maux sera si concentré que l'on sera bien obligé d'y voir une cause non matérielle mais de l'ordre spirituel. Plusieurs années la terre ne produira rien.

Père Pel : Les saisons n'existeront plus trois années au moins avant que la terre puisse redonner des herbes et de la végétation. Grande famine dans le monde entier.

L'année humide 2020 les bourgeons qui auraient dû produire l'année suivante seront grillés et l'année 2021 un soleil de feu causera de nombreux fléaux.

Matthieu chapitre 24 verset 22 : Et si ces jours-là n'avaient été abrégés, nul n'aurait eu la vie sauve; mais à cause des élus, ils seront abrégés, ces jours-là. Ésaïe : Oui, vous sortirez avec joie, Et vous serez conduits en paix; Les montagnes et les collines éclateront d'allégresse devant vous, Et tous les arbres de la campagne battront des mains.

Sœur Maria Caterina Bordoni diffusa des messages entre 1943 et 1947 sur les événements qui se dessinent à l'horizon et les effroyables tempêtes dans le ciel de l'Église dans la vie sociale et dans tout l'univers.

« En raison de la loi travail, les gauches, et notamment le parti socialiste et la gauche semblent sur le point de céder à la tentation de la guerre civile. » (Challenges Soir 25 mars 2016)

Le mouvement de protestation à Paris fait des émules à Amsterdam, Berlin, Bruxelles, Barcelone ou Madrid, s'exporte à Montréal au Québec. Le poids économique et politique de la France est tel que beaucoup comptent sur « Nuit debout » pour réactiver la contestation à l'échelle internationale. (source Courrier international, n° du 28 avril 2016) La journée de mobilisation du 28 avril 2016 contre la loi Travail a tourné dans de nombreuses villes à l'affrontement entre policiers et manifestants, de nombreux affrontements dans tout le pays. ( source tempsreel.nouvelobs.com/ ) Charles Wyplosz , professeur d'économie internationale dit que la loi El-Khomri est une véritable catastrophe. Non pas que le projet soit mauvais en soi, bien au contraire. Ce qui est grave c'est qu'un projet est si mal expliqué qu'il permette aux opposants de développer avec succès des idées que l'on pouvait penser enterrées depuis longtemps. (source lefigaro.fr 04/05/2016)

Jeudi 12 mai nouvelle journée de manifestations et de grèves contre la loi Travail. Deux nouveaux appels à la grève, les 17 et 19 mai et à des manifestations lancés par sept syndicats. Selon les lieux et les secteurs, l'heure est à la radicalisation et potentiellement à la convergence des luttes. Il y a aussi des conflits comme à la SNCF, liés à la loi travail, ou pas a prévenu le patron de FO. Huit organisations syndicales en Guadeloupe ont appelé à la grève générale dans les secteurs du privé et du public, pour jeudi en signe d'avertissement, pour dénoncer les atrocités comme la loi Travail. Dans les transports CGT et FO appellent les routiers à une grève à durée indéterminée dans la nuit de lundi à mardi. Les fédérations CGT des marins et des dockers appellent à se mobiliser, en multipliant des actions fortes et à faire des grèves reconductibles ou des grèves illimitées à partir de mardi. Même en 1968, la CGT n'a pas appelé à la grève générale.(source huffingtonpost.fr/ 11/ 05/ 2016)

La raffinerie et le dépôt de carburants de Fos-sur-Mer (Bouches-du-Rhône), dont les accès étaient bloqués ont été libérés mardi 24 mai par les forces de l'ordre qui ont rencontré une résistance importante. Le Premier ministre a répété sa détermination face aux blocages des raffineries et dépôts de carburant. (source normandie-actu.fr)

Les accès de la raffinerie et du dépôt pétrolier ont été débloqués par une charge d'une violence inouïe des gardes mobiles. De véritables scènes de guerre sont relatées par les militants ou les journalistes présents, des syndicalistes pourchassés dans les rues de la ville, frappés, et gazés jusqu'à l'intérieur des locaux syndicaux. » (source unas.cgt.fr/dotclear/29/05/2016) La mobilisation contre la loi travail se durcit le 26 mai. Dans la presse étrangère les journalistes redoutent une flambée de violence. Nombreux sont les commentateurs qui voient dans ce conflit social les prémices d'une révolution. (source tempsreel.nouvelobst.com/26/05/ 2016)

Le 21 juin au soir, une réunion entre le président de la république, le premier ministre , et, le ministre de l'intérieur s'est terminée par une décision d'interdire la manifestation syndicale contre la loi travail prévue le 23 juin. A 11h07 la réaction de Jean Luc Mélenchon rend compte du paroxysme atteint ce matin là: "Le coup de force est total. François Hollande doit annuler la décision de son premier ministre et permettre le retour à une tranquillité démocratique normale." Vers 13 heures le 22 juin la tension retombe, la manifestation d'abord interdite vient d'être autorisée selon les militants au siège de la CGT, la tension retombe et dans son discours du 14 juillet le Président de la République annonce que dix jours après il mettra fin à l'état d'urgence. Le soir du 14 juillet vers à Nice, un camion conduit par un terroriste de Daech fonce dans la foule venue en famille assister au feu d'artifice de notre fête nationale, faisant 84 morts et 202 blessés dont plus d'une cinquantaine très grièvement. Dans la nuit le chef de l'État annonce la prolongation et le renforcement de l'état d'urgence.

MJJ: Les révolutions sont comme les éruptions volcaniques, il y a des signes d'alerte.

Premier signe, accords aux conséquences inattendues.

MJJ : Après ces accords qui nous conduiront à l'abîme, les ennemis, quoique unis dans le même parti, se battront entre eux.

Le pluriel "accords" prend un relief particulier depuis que les 20 et du 21 juillet deux lois ont été adoptées par l'Assemblée nationale. Au terme d'une nuit de débats à couteaux tirés les députés avaient adopté le texte sur la prorogation de l'état d'urgence avec renforcement de ses dispositions . (source tempsreel. nouvelobs.com/ 20/07/ 2016)

Le 21 juillet le Président de la République a promulgué la loi prorogeant l'état d'urgence et portant mesures de renforcement de la lutte antiterroriste.(source senat.fr/ 22/07/2016) Ainsi que la loi travail qui n'aurait pas pu être adoptée sans l'abstention du groupe "Les républicains" qui voulait la durcir. Le 21 juillet elle est adoptée par l'Assemblée nationale. Le 04 août le Conseil constitutionnel s'est prononcé. Le 08 août le Président de la République l'a promulguée. (source senat.fr/09/08/2016)

Dans son livre "Tout ce qu'il ne faut pas dire" (éditions Plon, mars 2016) Bertrand Soubelet n'a pas parlé d'abîme mais illustre à son insu toute la prophétie : La tyrannie des idéologies et la logique du système conduisent la France à l'impasse. ... Aujourd'hui, lorsque le monde politique s'empare d'un thème; il devient instantanément suspect et déclenche un mouvement spontané de défiance de l'opinion publique ... Les oppositions qui semblent parfois se manifester à l'intérieur de ce système ne sont qu'une façade... Que dire de toutes ces zizanies personnalisées notamment à l'intérieur des formations politiques, de ces querelles de chiffonniers?

Second signe, deux enfants dans la lumière.

MJJ : Deux petits enfants français soudain enveloppés d'une éblouissante lumière répéteront ce refrain : « Arrêtez vos desseins, arrêtez vos complots et surtout toutes les ambitions, qui vous pressent de ramasser les trésors du pauvre peuple que vous allez immoler. »

Ce discours est le contraire de celui identifié à la page 139 du livre de Bertrand Soubelet : Les organisations politiques adoptent trop souvent une attitude dont l'intérêt général n'est pas le principal souci. Seuls comptent les dégâts causés à l'adversaire, les résultats des sondages d'opinion et les gains potentiels escomptés pour les prochaines échéances électorales, et, à la page 151 : Les fonctionnaires appelés à composer les cabinets ministériels sont issus, en règle générale, des grands corps de l'État. Dans de nombreux cas ces intelligences supérieures finissent par se débattre dans les affres de l'ambition déréglée.

L'attentat du 14 juillet à Nice a projeté le premier enfant dans la lumière des médias, et à interféré avec les projets du second, on découvrira le second le 1er février 2017, voyons le premier des deux.

MJJ : L'un de ces anges de la terre mourra immédiatement. Né d'une famille pauvre, d'un père au nom d'Henri et d'une mère à celui de Marthe. Le récit de cette histoire ne passera pas inconnu.

Ce premier enfant est entré dans la lumière des médias par une interview le 24 juillet. Reprise par les médias jusqu'au 28 juillet elle est retombée dans l'oubli.

Pour Sandra Bertin chargée de la vidéosurveillance le soir de l'attentat du 14 juillet à Nice, le lendemain une personne lui a demandé de préciser que l'on voyait aussi la police nationale sur deux points dans le dispositif de sécurité. Elle lui a répondu qu'elle n'écrirait que ce qu'elle avait vu. A la question: La polémique sur les effectifs de polices municipale est nationale est-elle justifiée ? Réponse de l'intéressée: De l'extérieur on pourrait penser à une guerre des polices mais ceci n'est pas vrai, nous collaborons très bien. Tous les agents présents sur le terrain ce jour là ne comprennent pas la réaction de l'État. L'ennemi est le terrorisme. C'est tout. ( source lejdd/24/07/2016) Dans son étonnement face à quelque chose qui semble la dépasser, elle se comporte selon une des définitions d'enfant du centre national de ressources textuelles et lexicales, en adulte qui offre dans son comportement l'innocence, la fraîcheur d'un enfant.

Né d'une famille pauvre :

Le malaise de la police municipale... est profond. La profession est souvent présentée comme le parent pauvre des forces de sécurité. (lesechos.fr 2/6/2010) L'adjointe à la sécurité de la ville d'Amiens remarque que l'opérateur vidéo est le parent pauvre de l'agitation autour de la vidéosurveillance. Opérateur vidéo reste un métier de l'ombre. (doubleneuf.nordblogs.com/archives/2011/06/03) Le régalien est devenu le parent pauvre de l'État. La France a plus que jamais besoin que policiers et gendarmes soient dotés de moyens d'action matériels et juridiques à la hauteur des défis et que leur coordination soit renforcée. (Projet police FILLON pdf 2017 www.police;cgt.fr)

D'un père au nom d'Henri, d'une mère répondant à celui de Marthe :

A Nice il y a un Henri de ce nom de famille en âge d'être son père mais je n'en sais pas plus. La mère de Sandra s'appelle Marthe.

Des guerres et des bruits de guerre

Pape François : ... quand je parle de guerre, je parle d'une guerre d'intérêts , d'argent, de ressources, pas de religions. Toutes les religions veulent la paix, ce sont les autres qui veulent la guerre. On répète le terme d'insécurité , mais le vrai terme est la guerre . Elle n'est peut-être pas organique, mais organisée ... C'est la guerre. N'ayons pas peur de dire cette vérité, le monde est en guerre parce qu'il a perdu la paix.(source lorientlejour.com/27/07/2016)

Anne Mequeli de Brentwood raconte qu'une nuit dans la maison de Conchita, tout le monde parlait de la crise de Cuba lorsque Conchita lui a dit: « A cette époque, dans mon village, le peuple craignait un troisième guerre mondiale et tout le monde avait sa radio proches de ses oreilles et attendait d'entendre parler d'une telle guerre. Mais j'ai eu une apparition à l'époque et la Sainte Vierge m'a dit : « Pas de Troisième Guerre mondiale ». Conchita disait à l'évêque auxiliaire de New York, le 27 août 1981 : « ... ils disaient que, en 1962, la guerre mondiale éclaterait. Tout le monde avait peur ce jour-là. La Vierge apparut et dit : «N'ayez pas peur, car il n'y aura jamais une guerre mondiale. »

La première guerre mondiale a été surtout le fait de deux grandes alliances et de leurs empires : La Triple-Entente et la Tripe-Alliance . La seconde guerre mondiale fut un conflit planétaire opposant deux camps : les Alliés et l'Axe par l'entrée en guerre officielle de l'ensemble des grandes puissances de l'époque et leurs empires dans un conflit impliquant la majorité des nations du monde sur la quasi-totalité des continents. (source : Wikipédia)

Revenons à la situation en France.

MJJ : Quoique dans le même parti les ennemis se battront entre eux.

La période du 20 novembre au 1er décembre trois personnalités se trouvent écartées de la vie politique, Nicolas Sarkozy, Alain Juppé et le président de la République.

Dans une allocution télévisée, le chef de l'État a annoncé qu'il ne briguerait pas un second mandat. Une annonce inédite dans l'histoire de la Ve République. (source M6info/01/12/1916)

MJJ : N'attendez rien de celui qui règne comme roi aujourd'hui, assis dans le même fauteuil que les autres : fauteuil qui ne porte aucune marque d'un pouvoir spécial et plus grand. Sa pensée est accordée à celle des autres, sa parole à leur parole, sa volonté à leur volonté... N'attendez rien de ce côté : il ne mérite pas plus de respect que tout le reste. Dans la tempête, sa voix criera aussi fort que les autres contre tout ce que Dieu a établi.

« Certains se sont émus de la supplique adressée au pape , par plus de 100.000 catholiques français, pour lui dire leur profond malaise. Comment contester que, depuis 18 mois, tous ceux qui ont la foi dans ce pays se trouvent directement attaqués dans leurs convictions ? (source rtl.info/05/11/2014) C'est l'histoire d'un homme que personne ne voyait à ce niveau. François Hollande, qui aurait pu imaginer que cet homme débonnaire, présenté comme lisse, gentil, drôle, parfois mou, préférant toujours le consensus au conflit, la synthèse au débat, puisse briguer sérieusement l'Élysée? (source du 08/03/ 2012 archive.francesoir.fr )

MJJ : Il n'y a pas de fermeté en lui : ils l'ont mené ; ils l'ont dirigé.

Jacques Cheminade : «Tant que notre pays sera sous occupation financière, les promesses resteront des slogans électoraux et nos batailles seront perdues. Nos dirigeants sont soumis à un adversaire qu'aucun n'a osé affronter. C'est bien sûr la finance sans foi ni loi.» (source francetvinfo.fr/27/04/2015)

Bertand Soubelet «Tout ce qu'il ne faut pas dire» (éditions Plon, mars 2016) page183 : La recherche du consensus et la pire des postures car elle vise à supprimer la confrontation des idées.

MJJ : Voilà le portrait de cet homme : c'est un poteau de boue. Plaignons-le mais n'y pensons guère

Lui qui rêvait de synthèses impossibles et ceux qui l'ont mené et dirigé savent qui ils étaient. Il annoncera bouleversé le soir du premier décembre 2016 qu'il renonce à se présenter pour un renouvellement de son mandat présidentiel. Triste fin de carrière.

Signe d'alerte en Italie

Si en Italie le président du conseil tenait son pays en main en novembre 2015, la déstabilisation se dessinait :

« Les forces de gauche sont engagées dans un processus de rassemblement. Les frondeurs du Parti démocrate et les parlementaires du Parti Gauche écologie et liberté » fondent un groupe parlementaire commun. Parmi les ex- démocrates, on compte l'ancien vice- ministre à l'Économie Stefano Fassina appelé à devenir l'une des figures du nouvel ensemble, favorable à des fronts de libération nationale pour que les États recouvrent leur souveraineté ... Il existe également un autre processus unitaire... Le parti communiste d'Italie entend préserver, pour sa part, une autonomie des communistes au sein d'une unité de la gauche. Il se concentre sur son projet de constituante communiste et ne participe pas à l'aventure. (source humanite.fr 10/11/2015/)

Or, le président du conseil a perdu un référendum pour le résultat duquel il avait mis son pouvoir en jeu. Les Italiens ont massivement dit non le 4 décembre, au référendum sur la réforme constitutionnelle voulue par Matteo Renzi. Le chef du gouvernement italien a annoncé qu'il présentera sa démission lundi. (source francetvinfo.fr 05/12/2016) La situation à trois pôles de la politique italienne et la forte identité régionale de certains partis laisse présager de majorités contradictoires au Sénat et à la Chambre..(source latribune.fr 26/01/2017)

## 2017

Première des années de 2017 à 2021

Ida : Je vois « 50 - 51 - 53 » et la Dame dit :
« Cette période verra un combat et des
catastrophes. »

Signes d'alerte au Saint Siège

Selon une lettre manuscrite de Conchita, consignée dans les archives du Père Laffineur) Avant les événements, il y aura un synode.

En fin du synode 2015 le pape s'angoisse : « ... conclure ce Synode consacré à la famille en un moment historique de découragement et de crise sociale, économique, morale et de négativité dominante... sera avoir mis à nu les cœurs fermés qui souvent se cachent, jusque derrière les enseignements de l'Église ou les bonnes intentions pour s'asseoir sur la cathèdre de Moïse, et pour juger, quelquefois avec supériorité et superficialité, les cas difficiles et les familles blessées ... les vrais défenseurs de la doctrine ... défendent ... l'esprit... l'homme... la gratuité de l'amour de Dieu et de son pardon ... Le devoir de l'Église n'est pas de distribuer des condamnations ou des anathèmes mais de proclamer la miséricorde de Dieu, d'appeler à la conversion ... » ( source : fr. radiovaticana.va/)

Ida : Je vois « 50 » entre la Dame et le pape. La Dame dit : « Il va falloir travailler dur en cette année qui vient et... pas seulement en paroles. La doctrine du Christ est juste. Pourquoi ne l'observe-t-on pas de façon juste et en détail ? »

Les Pasteurs qui proposent la doctrine de l'Église et l'idéal complet de l'Évangile aux fidèles, doivent les aider aussi à assumer la logique de la compassion avec les personnes fragiles et à éviter les persécutions ou les jugements trop durs ou impatients. (source vatican.va extrait de l'exhortation apostolique Amoris Laetitia en date du 19/03/2016)

La seule interprétation correcte d'Amoris Laetitia, est l'enseignement constant de l'Église, et sa discipline ... Des commentateurs font la confusion entre ce respect et une obligation supposée de croire de foi divine et catholique tout ce que contient le document. La tâche des pasteurs et autres enseignants de la foi est de le présenter à l'intérieur du contexte de l'enseignement et de la discipline de l'Église a répondu le cardinal Burke . (source National catholic register 11/04/ 2016)

Ida : Elle (la Dame) étend alors une main protectrice au-dessus de la coupole et met l'autre devant ses yeux. Je ressens une affreuse douleur qui me brûle la main. Je dis : « C'est insupportable ! » La Dame dit alors avec autorité :« Cet esprit va continuellement essayer de s'infiltrer sous plein de formes, lentement, subtilement. Cela va s'infiltrer si subtilement que les peuples ne les reconnaîtront pas. Une nouvelle fois,» (extrait du message du 16/12/1949)

SEA : Le pape souffrira beaucoup. Toute cette souffrance sera pour lui comme une agonie qui abrégera son pèlerinage sur la terre.

La nuit du 6 au 7 novembre 2015 , J'avais vu en rêve le pape François, très fatigué, mais lucide, atteint d'une tumeur au cerveau, à évolution très lente. Le lendemain, j'ai fait une recherche sur internet qui m'a appris ceci: Selon un journal italien, une tumeur guérissable avait été découverte dans le cerveau du souverain pontife. Le médecin aurait décidé de ne pas opérer le pape. « La diffusion de nouvelles infondées est gravement irresponsable et pas digne d'attention » a affirmé le père Lombardi, porte paroles du Vatican . Ce démenti qui est compréhensible était attendu. Nous n'avons pas le moindre doute sur leur fondement a réagi le directeur du Quotidiano Nazionale. (source : francetvinfo.fr/ au 04/10/2015)

Ida : ... je vois l'Italie. J'y vois un homme simple, sobre, un membre du clergé. On dirait qu'il est en train de parler au milieu d'un grand nombre de gens. La Dame sourit et porte mon attention sur cette scène. Tandis que j'observe, elle dit : « Ce Lombardi, il s'y prend bien. Il œuvre dans le sens que Nous voulons. » ( extrait du message du 16/12/1949)

Séraphin, frère de Conchita : Avant l'avertissement il y aura comme un schisme.

Ida: Je vois deux rangées d'églises différentes. On dirait que la Dame se dirige vers le premier rang et qu'elle fait passer très légèrement la main sur cette rangée. Je vois les églises tomber toutes ensemble et disparaître.(Ida extrait du message du 16/12/1949)

La revue catholique America publia le 22/01/2015 une interview du cardinal Marx au sujet des nouvelles voies ouvertes par le pontificat du pape François:

« Nous ne sommes pas en train de créer une nouvelle Église, elle reste catholique mais il y a de l'air frais, un nouveau pas en avant.» (source la-croix.com/)

MJJ : Les serviteurs les plus proches du Pape oseront souiller leur dignité par des articles honteux et se faire, pour la sauvegarde de leur vie, meurtriers et bourreaux du Pauvre Martyr, dont la vue des maux soulevés sur Rome éteint les forces et abrègent davantage le martyre.

Ils ont créé un site internet dubia-amoris- laetitia.org appelant à signer leur position et à les soutenir se présentant ainsi: « Le 14/11/ 2016, les cardinaux Walter Brandmüller, Raymond L. Burke Carlo Caffarra et Joachim Meisner ont rendu publiques les questions qu'ils ont posées au pape à propos de la réception de l'exhortation post-synodale Amoris Laetitia. La forme du recours est celle des dubia (des doutes).

Craindre de perdre sa vie peut-être la crainte de se damner en ne combattant pas certaines propositions d'Amoris laetitia, mais peut également être la crainte de perdre sa position sociale : « Notre visite à Rome du 16 au 23 novembre a été la plus dramatiques faite au cours de ces dix dernières années... chez les fidèles serviteurs de l'Église. Beaucoup redoutaient de perdre leur position, d'être licenciés de leurs emplois dans les institutions vaticanes ou bien de souffrir de graves réprimandes publiques... » (source medias-catholique.info/ Article de LifeSiteNews publié le 17/12/2016)

MJJ : On veut briser l'unité entre le saint père et les prêtres de l'univers... une affiche sera placardée et ne portera mention que de cette désunion et de cette séparation des apôtres de Dieu d'avec le Pape.

Marga : Ils vont laisser passer Noël.

Interrogé samedi 7 janvier le cardinal Müller, préfet de la Congrégation pour la doctrine de la foi, a jugé que la correction fraternelle du pape François évoquée par le cardinal Burke n'est pas possible car il n'y a aucun danger pour la foi.

Au début février suivant, des dizaines d'affiches placardées dans le centre de Rome, anonymes, qui pourraient venir de la frange la plus conservatrice de l'Église catholique reprochent au pape François d'avoir placé sous tutelle des Congrégations, viré des prêtres, décapité l'Ordre de Malte et les Franciscains de l'Immaculée, ignoré les cardinaux ... et l'interpellant : « Mais où est ta Miséricorde ? » Les mots sont imprimés sous une photo d'un pape à la mine sombre. C'est la première fois que le souverain pontife est la cible d'une campagne d'affiches pour le moins agressives... la fronde contre lui jusqu'ici cantonnée derrière les murs du Vatican semble désormais s'étaler dans l'espace public. (source rfi.fr/europe/04 février 2017)

Les conservateurs n'ont pas d'autre endroit où aller. Les libéraux sont schismatiques de facto mais ils ne l'officialiseront jamais. Un schisme coûterait trop d'effort et d'argent.(extraits d'un interview du cardinal Mûller, source benoit-et-moi.fr/9 avril 2015) Séraphin, frère de Conchita, a évoqué comme un schisme avant le grand avertissement. Y aura-t-il plus qu'un schisme latent ?

## Signes d'alerte en Espagne

La constitution ratifiée par les Cortès en 1978 édicte que la Couronne d'Espagne est héréditaire pour l'héritier de la dynastie historique, le roi Juan Carlos Ier et ses descendants. L'accession au trône de Felipe en juin 2014 n'était pas encore réglée , que des rassemblements en plusieurs villes d'Espagne, réclamaient un référendum sur la monarchie, initiative soutenue par la gauche radicale d'Izquierda Unida, les indépendantistes de Catalunya et Podemos.(source lopinion.fr 02/06/2014)

A Izquierda Unida on disait en novembre 2014 : Le parti organique de la révolution espagnole qui sera le sujet de la transformation du pays ; ce sera une maison commune de la gauche. Sa caractéristique fondamentale sera le pluralisme. La question fondamentale est le point de vue de classe. (source lamarea.com 10/11/2014 )

## Signes d'alertes en France

Après la sortie du jeu politique par les électeurs de droite de messieurs Sarkozy et Juppé en novembre 2016, c'est au tour de monsieur Valls d'être sorti du jeu par les électeurs de gauche, au profit de monsieur Hamon, favorable à l'abrogation de la loi travail. Parallèlement l'affaire qui atteint François Fillon sorti largement vainqueur à droite secoue la France.

Les propos de François Fillon témoignent d'une démagogie de bas étage dont la logique renvoie à la réaction la plus crasse... l'homme dont la politique a provoqué plus de 600 000 nouveaux chômeurs, le démagogue qui dénonce les fonctionnaires quand le pays a besoin de l'autorité de l'État et de celle de ces mêmes fonctionnaires, ne peut chercher à couvrir les turpitudes de son projet politique du manteau d'une foi, quelle qu'elle soit. (source russeurope. hypotheses.org/ 07/01/2017)

Le débat présidentiel majeur de l'année 2017 ne peut pas être plus longtemps pris en otage par les soupçons sur la probité d'un homme politique qui a remporté une partie de son succès sur cette phrase-clé de la primaire: «Imagine-t-on le général de Gaulle mis en examen ?» Quel que soit le gagnant de la présidentielle en mai prochain, l'affaire plombe déjà le prochain quinquennat. Avec une crise de régime à venir.» (source LePoint.fr/30 janvier 2017)

Un courant d'idées pernicieux balaye la France... des amis français à gauche trouvent que la France est devenue un pays rabougri, sans influence, culture étiolée, économie en ruine... vision noire qui ne cesse d'étonner les étrangers qui admirent la France et envient la qualité de vie des français ... la maladie du déclin prend des proportions dramatiques... aggravée par la montée d'une islamophobie assez discrète... des philosophes naguère associés à la gauche se trouvent aujourd'hui sur la même longueur d'onde que des essayistes de droite ou des conservateurs catholiques... leurs propos alarmistes sur l'identité malheureuse de la France sont grossièrement disproportionnés par rapport à la réalité. (source pressreader.com/canada présentant le 11/2/2017 le livre de Michel Onfray «Les prophètes de malheur»)

François Fillon s'est dit très en colère... de M. Macron qui dit oui à tout le monde et qui sera tout aussi incapable que M. Hollande de décider quoi que ce soit... de ceux qui inventent de nouvelles chimères, parce que les solutions concrètes ne rentrent pas dans le cadre de leur idéologie...Il a cité les 32 heures. Le revenu universel. Le retour au franc. La fermeture des frontières. La sixième République... qui peut croire qu'on va créer des emplois avec ça... augmenter la croissance et le pouvoir d'achat, réduire notre dette, faire tourner nos usines en passant aux 32 heures ou en sortant de l'Europe ? (source élections 2017 actu. orange.fr 14/4/2017)

Il est temps de revenir sur le deuxième enfant dans la lumière. On a vu le premier à peu près six mois avant,le second semble correspondre à Emmanuel Macron.

Cette perception de Macron comme un enfant apparaît chez l'humoriste Nicolas Canteloup et par exemple : « Brigitte elle a dit que je serai président dans douze dodos. » (source europe1.fr/26/04/2017)

Emmanuel Macron, un grand enfant ? Voyez son enthousiasme, ses attitudes, ses gestes, son sourire, à la télévision et dans les meetings politiques: « Discutez avec un enfant, pour lui tout ce qu'il se passe est hors du commun... L'enfant rêve, est créatif ... il a tout à apprendre, et le fait avec plaisir ! Il se délecte de chaque sensation, joue dans l'eau jusqu'à être gelé et même là, il continu ! Étonnez vous ! De tout est n'importe quoi. Chaque chose est magique en elle-même, vous ne trouvez pas ? Les adultes ne sont-ils pas de grands enfants. (source deviendragrand.fr/ adulte ou grand enfant)

Projetons nous au soir du 7 mai 2017, quand l'élection d'Emmanuel Macron ne laisse plus de doute, il harangue ses partisans : « L'Europe et le monde attendent que nous défendions partout l'esprit des Lumières menacé dans tant d'endroits. » Alors que l'un des deux protagonistes de l'éclat du 24 mai 2016, le parti avec dans ses statuts la référence aux Lumières, ne semble plus en état de peser de façon décisive sur le peuple français, l'accédant à la plus haute charge de la République s'enveloppe soudain et publiquement des Lumières.

MJJ : L'autre enfant survivra quelque jours de plus jusqu'à l'heure où la révolution régnera dans son éclat.

Une révolution, selon le centre national de ressources techniques et lexicales français, est l'ensemble des événements ayant abouti à un bouleversement historique . Je n'aurai jamais imaginé que quelques jours de plus menaient jusqu'au début de l'année suivante. On s'apercevra le moment venu que ces quelques jours de plus se seront étendis jusque vers la mi 2018.

Marie Thé : Un homme va se lever en France sous l'apparence d'un protecteur des droits, de la sécurité.

En lisant la profession de foi d'Emmanuel Macron pour le deuxième tour de l'élection présidentielle expose un aspect de sa personnalité tout aussi certain que celui de l'enfant qui s'émerveille d'être plongé dans la lumière : «Je propose de bâtir avec vous une France de sécurité ... pour chacun ... qui ... protège les plus faibles.» j'ai l'impression qu'il s'agit d'un aspect de lui, différent, mais tout aussi visible que celui de l'enfant qui s'émerveille d'être plongé dans la lumière.

Marie Thé : Mais il se révélera être despotique, calculateur, manquant d'amour pour son prochain et méprisant les plus petits.

«Le kwassa-kwassa pêche peu, il amène du Comorien, c'est différent» Emmanuel Macron 2/6/2017. «Une gare, c'est un lieu où l'on croise les gens qui réussissent et les gens qui ne sont rien» Emmanuel Macron 19/6/2017. «Je ne céderai rien, ni aux fainéants, ni aux cyniques, ni aux extrêmes » Emmanuel Macron

8/9/2017. «Il y en a certains, au lieu de foutre le bordel, ils feraient mieux d'aller regarder s'ils ne peuvent pas avoir des postes là-bas » Emmanuel Macron 4/10/2017


Marie Thé : Il gouvernera avec une main de fer, qui en écrasera un bon nombre. Il privilégiera certaines communautés, pour en assujettir d'autres.


Dans la mythologie romaine Janus est un dieu à une tête mais deux visages opposés, gardien des passages et des croisements, divinité du changement, de la transition. (source wikipedia)


Le 19/07/2017 le chef d'état-major des armées, Pierre de Villiers, présente sa démission au Président Macron suite au différent qui les opposait publiquement. Jacques Sapir, économiste familier de la nomenklatura russe, commente sur sputniknews : « La relation de confiance ... essentiellement politique apparaît comme brisée... Pour la première fois, depuis fort longtemps, se pose la question de la dignité du premier magistrat de la République. Il dépend de lui ... de fournir les gages qui permettront à l'ensemble de la Nation, et donc à ses forces armées, de reconstruire une relation de confiance... S'il manquait à le faire, il ouvrirait de fait une période de grande incertitude quant au fonctionnement des institutions.»

12 août 2017 interview d'Eric Ciotat pour le Journal du Dimanche : « Après les illusions de la campagne, le choc avec le mur des réalités est assez violent ... La campagne électorale avait bâti l'image d'un président rassembleur, on le découvre manipulateur et cynique.»

Le 21/08/2017 rtl.fr publie: Dernière semaine de concertation sur la loi travail... le gouvernement veut aller vite... plus que les syndicats, ce sont les jeunes qui font peur au pouvoir. Si les jeunes descendent dans la rue, ce sera plus compliqué. Le 22 août 2017 sudradio.fr publie: Emmanuel Macron s'apprête à vivre une rentrée sociale agitée ... Le 24/08/2017, sur atlantico.fr, le vive-président de l'institut international de l'audit social, Hubert Landier, parle des risques de voir l'exécutif confronté à un mouvement social suite à la présentation de la loi travail le 31 août prochain : «... la popularité d'Emmanuel Macron s'est très fortement érodée. Ceci ouvre à des manifestations et il risque de ne pas être soutenu par l'opinion publique. Ce qui est certain est que cet automne va être périlleux pour lui. Le 27 août 2017, à la fête de la rose du parti socialiste, un député rescapé des législatives 2017, Boris Vallaud, exprimait selon BFM TV : « Être dans la lumière, je ne suis pas sûr que ce soit la partie la plus sympathique.»

De plus en plus de quoi se poser des questions sur ce qui va nous tomber dessus. Le 14 septembre une prophétie du 22 mai 2000 est sortie des brumes. On va suivre sa réalisation progressive en se projetant dans les années passées puis dans un proche futur.

Dès 2003 un processus était amorcé : L'histoire des frères Kouachi et de leur dérive vers le djihadisme s'enracine dans un quartier populaire du XIXe arrondissement de Paris où ils ont grandi. Leur basculement vers l'islam radical s'opère à partir de 2003, à l'époque de la guerre d'Irak sous l'influence d'un imam du quartier du XIXe âgé de 23 ans. Ils ont alors 22 et 24 ans et se laissent peu à peu convaincre par ce soi-disant érudit, connu des services de police pour son engagement dans la mouvance salafiste et son prosélytisme en faveur d'un islam radical, qui, après avoir été chassé de la mosquée Adda Wa, recrute des candidats au jihad sous couvert de cours d'arabe et de religion.(source atelier. leparisien.fr /sites/ Je-Suis-Charlie / suspects/attentat-a-charlie-hebdo ..)

Axelle a vu l'armée se mêler de l'ordre public puis se diviser.

Dans l'instant l'armée récupère sa marge de manœuvre sur le territoire national : L'armée de Terre reprendra la main sur les trois niveaux d'intervention mis en place dans l'opération sentinelle. « On fait bouger les méthodes, ce n'est pas une oukaze de notre part, l'Intérieur l'a bien compris », plaide le ministère des Armées...« On rentre dans une logique plus militaire ... (source ouest-france.fr/le 14/9/2017)

MJJ : En Savoie un vieillard vivant au milieu d'une campagne retirée du travail de chaque jour se lèvera comme flambeau de salut pour ces contrées, pauvre ... saint et vénérable par sa foi et par sa piété, ce vieillard fera du bien à l'Exilé et à beaucoup d'hommes très haut placés. Du coté opposé, ce sera des cris épouvantables contre l'Exilé.

Né en 1933, un vieillard s'est retiré dans sa Savoie natale. Ancien évêque de Pamiers, il a l'obsession du dialogue et de l'attention aux autres. Impliqué en Ariège dans la société civile, il participa à des rencontres "Regards croisés sur la vie " entre francs-maçons, musulmans, libre penseurs, œuvres laïques, cathares, protestants, catholiques, dans une contrée encore marquée par les massacres au nom de la religion. Entre les deux tours, des élections présidentielles françaises de 2002 il fit ce communiqué : « Il faut voter ! On le dit depuis toujours. Ne revenons pas en arrière. Ne revenons pas à la peine de mort, à l'enfermement des nations sur elles-mêmes, à la surproduction d'armements, qui finissent toujours par desservir l'humanité, servant la violence et la mort. Au nom de Dieu, de la raison et du cœur arrêtons la violence, même verbale, chez nous et dans le monde. N'oublions pas d'agir sur la violence-mère qui s'appelle misère, et engendre la révolte, qui entraîne la répression, qui provoque l'insurrection qui entraîne une répression plus grande. Le dialogue, dans la durée, aide à s'ajuster les uns aux autres, pour servir bien commun et épanouissement des plus pauvres. » (source : cef.fr/ catho/espacepresse)

« On peut tout se dire, mais pas sur n'importe quel ton. L'Église doit se faire parole, message, conversation » affirme-t-il à la suite du pape Paul VI. Il s'est investi dans de merveilleux textes de chansons et dans des poèmes rendant hommage à la nature, à la vie montagnarde de son enfance, au dialogue et à l'écoute des autres. (source : lessorsavoyard.fr/30 janvier 2012)

M J J : Le peuple aura encore le temps de parcourir les lignes dictées par le Ciel sous la plume de ce vieillard.

Marcel Perrier, est décédé le deux octobre 2017 à Moutiers emporté par un cancer. Quelques-uns, parmi tant d'autres le disent : « Marcel... un ami, un frère, un père, une borne précieuse de mon chemin d'homme... Son humanisme a semé en moi, mes raisons de vivre, d'affronter les douleurs, d'inventer l'avenir. Il a ouvert à beaucoup la route d'un futur... soucieux de voir l'humain épanoui et non avili dans le travail ... Avec le souci de permettre aux plus petits de la société de prendre toute leur place.... Il s'est donné jusqu'au bout pour communiquer la Bonne Nouvelle dans le langage et la sensibilité des hommes d'aujourd'hui... (source la-croix.com le 6/10/2017)

Au matin du 13 octobre, centenaire de la dernière apparition à Fatima, BFM TV parlant de l'ouragan Ophelia annonce qu'il pourrait être plus fort que l'ouragan Debbie qui frappa l'Europe en 1961.Que de symboles avec l'ouragan Ophélia.« Ophélia» issu du grec "ôphelia" signifie secours, aide. Sa fête : le 18 juin. (source www.prenoms.com) Le 18 juin 1961 était le jour de la première apparition de l'ange à Garabandal.

Debbie, dépression tropicale au large du Sénégal le 6 septembre 1961, devenue ouragan a continué jusqu'à l'Écosse, la Norvège et le nord de la Russie! (source irisweatheronline. Wordpress. com /2/10/2015) 1961 est la 1ère année des apparitions de Garabandal.

En France le prénom Ophélie, a été surtout utilisé dans les années 1960, les apparitions de Garabandal ont couvert la première moitié de cette décennie.

Sans aucune part dans les proches événements en France, d'autant qu'il a évité la Bretagne n'y laissant qu'un ciel jaunit par les sables du Sahara et l'odeur de fumée des brasiers du Portugal, peut-on le considérer comme un marqueur de l'arrivée de ces temps ? Je l'ignore. Autre marqueur des proches événements, la fragilité atteinte par le tissu politique français.

Ils sont juste oubliés au fin fond de notre France profonde. Ils sont plus nombreux que la place qu'on leur accorde et tiennent entre leur main une possible revanche sur tous les plus nantis qu'eux. Et ils se foutent bien de savoir si les choses seront mieux ainsi : ils n'imaginent pas qu'elles puissent être pires. C'est le dégagisme ultime. Qu'est-ce qu'on a à perdre quand on n'a jamais été du côté des gagnants ? ( source 7X7.presse/pourquoi-les-pauvres-votent-front-national le 2/5/2017) La dirigeante frontiste a pris le recul nécessaire.De source interne, elle aurait finalement pris conscience de l'importance

de la déception liée à un score moins haut qu'attendu au premier tour de la présidentielle, et surtout à sa prestation au débat, qu'elle a considéré incontestablement ratée mais que d'aucuns qualifient de catastrophique».(source liberation.fr 07/09/2017)
Les propos du directeur général de la sécurité intérieure tenus le 10/05/2016 : "... les extrémismes montent partout et nous sommes en train de déplacer des ressources pour nous intéresser à l'ultra droite qui n'attend que la confrontation... eh bien cette confrontation je pense qu'elle va avoir lieu. Encore un ou deux attentats et elle adviendra..." (source assemblee-nationale.fr) trouvent une brutale résonance dans l'actualité du 17 octobre 2017. « Une opération de grande ampleur, préparée dans le plus grand secret depuis quatre mois par les enquêteurs de l'antiterrorisme. Dix personnes présumées proches de la mouvance d'ultra-droite ont été interpellées, ce mardi à 6 heures du matin dans les Bouches-du-Rhône et en région parisienne, soupçonnées d'avoir pris part à des projets d'attentats ciblant des responsables politiques et des lieux de culte musulmans.(source M6info 17/10/2017) » Amazon présente ainsi le livre de fiction de Patrick Robertone, éditions Ring , août 2016 : « La guerre civile était inévitable. Vivez l'Apocalypse des trois derniers jours de la France. » Il n'a pas osé en imaginer davantage.

Dans le même temps nous avons eu un signal que l'avertissement qui viendra quand les choses seront au pire, selon Marie Loli, est proche.

Marie Loli : L'avertissement arrivera quand la Russie submergera de façon inattendue et tout à coup une grande partie du monde libre.

Aucune armée au monde ne semble capable, même par surprise, d'envahir tout à coup une grande partie du monde libre, or il n'est pas question d'invasion mais de submersion.

Marc Le Glatin, dans son livre paru en 2007 aux éditions de l'attribut « Internet un séisme dans la culture ? » interroge : Comment aider à la mise en place des filtres de ces nouvelles médiations qui éviteront la submersion des internautes sous un flot d'information ?

Le monde virtuel constitue une partie de plus en plus centrale de l'arsenal russe. (source quotidienne- agora.fr/03/02/2017) Les attaques informatiques majeures se multiplient et marquent de plus en plus les esprits. Souvent attribuées plus ou moins directement à des pays, dans la mesure où cela peut se déterminer ! La géopolitique devient cyber et les tensions sont extrêmes. Le cyber est devenu une arme à part entière. Sans mort direct pour l'instant mais avec désormais des doctrines ouvertement offensives. Il y a quelques jours, dans son discours sur l'état de l'Union Européenne, Jean-Claude Juncker affirmait notamment que les cyber-attaques peuvent être plus dangereuses pour les démocraties que les armes et les chars. (source franceculture.fr/16/10/2017)

Marie Loli questionnée. « Le communisme entre-t-il en jeu dans l'avertissement? » a répondu : « Pas que je sache ou que je m'en souvienne maintenant. » Or la Russie n'est plus communiste.

Le 19 décembre 2017, dans son journal télévisé de 20 heures, la chaîne « Antenne 2» ce jour là fait découvrir aux téléspectateurs la pratique de la méthode Alinsky par la France Insoumise, montrant Jean Luc Mélenchon en parler comme moyen d'action en liaison avec l'échec de la mobilisation contre la loi travail. Le reportage ajoute que la France Insoumise l'expérimente particulièrement Porte de la Chapelle, et aussi que la méthode est également pratiquée par d'autres et cite la République en marche et les écologistes. En fait, après recherches on se rend compte que cette pratique qu'on aurait pu croire toute récente était pratiquée depuis plusieurs semaines avant le 24 novembre. Les Insoumis pratiquent depuis quelques semaines la méthode Alinsky, du nom du sociologue américain ayant théorisé la pratique. De quoi s'agit-il? « D'aller chercher les colères quotidiennes des gens, de les tisser entre elles, et de les aider à s'organiser autour d'une revendication gagnable, en ce disant que dans l'action revendicative conflictuelle, on développe le pouvoir d'agir», répond Leïla Chaibi, coordinatrice du pôle auto-organisation La France insoumise. «L'important, ce n'est pas la revendication, même si c'est utile, mais le pouvoir que ça crée chez les gens...» La France insoumise énumère les quatre étapes : Frapper aux portes,tisser les colères, cibler les puissants, agir nous-mêmes. Selon *L'Obs*, la République en marche a récemment engagé un professeur américain pour expliquer les vertus du community organizing à des marcheurs, bientôt déployés dans plusieurs départements.(source 20minutes.fr le 24/11/2017)


Regard sur la situation en Italie


MJJ : L'anarchie aura raison des gouvernements en Italie.


La campagne s'annonce tendue : les Italiens seront appelés aux urnes le 4 mars 2018, après la dissolution du Parlement validée jeudi 28 décembre 2017. La dissolution anticipée permet à la majorité de sauve les meubles au sujet d'un des projets phares du programme du Parti démocrate au pouvoir depuis cinq ans : la refonte du code de nationalité. Le projet a été voté sans difficulté par la Chambre des députés quand Matteo Renzi dirigeait le gouvernement, mais son successeur, Paolo Gentiloni, s'est trouvé dans l'impossibilité de rassembler une majorité sur ce texte au Sénat. Et les appels de dernière minute d'associations et de parlementaires en vue de retarder la dissolution pour permettre l'adoption du texte n'auront servi à rien. (source lemonde.fr/international/ le 2712/2017)


MJJ : La situation languira cinq mois sans que les circonstances tristes jusqu'à la mort ne s'aggravent.

Entre la dissolution d'un parlement incapable de s'entendre et l'émergence d'un gouvernement appuyé par le nouveau parlement nous allons constater qu'il va s'écouler cinq mois et quatre jours.

Au lendemain des élections législatives « Che bordello », titrait le quotidien « Il Tempo »… Les autres Unes de la presse italienne sont dans le même esprit.on constate un fractionnement du pays en trois blocs.

Après près de trois mois de tractations et de rebondissements inédits même pour un pays rompu aux crises politiques, lepremier gouvernement d'alliance entre un jeune mouvement antisystème et un parti d'extrême droite doit prêter serment vendredi 1er juindans l'après-midi à Rome. (source lepoint.fr/le 31-05-2018)

Regard sur l'Iran.

MJJ: Avant même, peut-être que la première crise de la Fille aînée de l'Église ne soit commencée, il y aura des nouvelles douloureuses d'Angleterre, de Perse et de Jérusalem. Tous auront subi de grands maux.

La police a dispersé avec des gaz lacrymogènes des dizaines d'étudiants manifestant contre le pouvoir à

Téhéran, samedi 30 décembre, au troisième jour d'un mouvement de protestation contre les difficultés économiques et le régime. Des centaines d'étudiants pro-régime ont pris un peu plus tard le contrôle du lieu. Mais en fin d'après-midi, des centaines de personnes ont manifesté ailleurs dans le quartier de l'université, scandant des slogans hostiles au pouvoir, avant d'être dispersées par la police anti-émeute largement déployée. (source lemonde.fr le 30/12/2017)


Regard sur la France.


Le ministre de l'intérieur français s'était exprimé sur les festivités de la dernière nuit de 2017 : «C'est bien que dans un pays comme le nôtre on puisse continuer à faire la fête. Même si des gens à travers le monde ne veulent plus de fête, nous voulons continuer à avoir cette liberté de profiter de la vie»(source liberation.fr le 01/01/2018)


Dimanche 31 décembre 2017, peu avant minuit, deux policiers sont envoyés à Champigny-sur-Marne pour résoudre une rixe en marge d'une fête pour le Nouvel An. Les images amateurs montrent une policière couchée au sol, encerclée par une dizaine de personnes qui lui assènent des coups sur le corps et au visage. La vidéo diffusée sur le web est d'une grande violence. (source francetvinfo.fr le 2/1/2018)

# 2018

De plus en plus en plus de signes

Ida voit : « 51 53 » (2018/2020). Ça arrive de très haut. La voix dit: « Des météores. Prêtes-y attention »

Pier Carpi : Toujours plus nombreux les signes. Les lumières dans le ciel seront rouges, bleues, vertes rapides. Elles augmenteront.

Premier signe d'alerte marquant de l'année 2018 a lieu le 19 janvier 2018 et attire l'attention sur une prophétie de Saint Passios du mont Athos : «Une guerre surviendra entre la Turquie et la Russie. La guerre durera deux ans et demi. Au début les turcs sembleront l'emporter mais cela tournera en catastrophe pour eux.»

Les autorités turques affichent ouvertement leurs ambitions au nord-ouest de la Syrie. Le Kurdistan syrien espère que la Russie parviendra à empêcher l'opération turque contre Afrin, a déclaré Farhat Patiev, membre du congrès national du Kurdistan. (source sputniknews.com 19/01/2018) Peu après le lancement par la Turquie de l'offensive contre la milice kurde syrienne des Unités de protection du peuple dans la ville de Afrine au nord de la Syrie, les forces russes ont annoncé s'être retirées de la zone concernée. Le commandement des forces russes stationnées en Syrie a pris des mesures pour assurer la sécurité des militaires à Afrine, a annoncé le ministère russe de la Défense, rapporte l'agence russe Sputnik. Cette zone avait été créée dans la région de Tal Rifaat en septembre pour «empêcher les provocations et de possibles accrochages entre les unités de l'Armée syrienne libre et les combattants kurdes, selon l'armée russe. ( source french.almanar.com.lb/747976 ) En contraignant, de fait, la Russie à reculer, la Turquie vient d'ouvrir un signe d'alerte sur la prophétie de Saint Passios. En affaiblissant les forces kurdes et en contraignant les forces russes à reculer la Turquie a pris le risque de réveiller les forces de l'État islamique.

Signe d'alerte en Espagne fin janvier 2018 :

Dans le livre « Garabandal der zeigefinger Gottes» d'Albrecht Weber on trouve page 138 du chapitre sur le grand miracle une prophétie de Conchita : ... so sagte Conchita einmal, es geschehe nach dem grossen schnee... (... ainsi Conchita disait une fois, il arrive après la grande neige... (traduction allemand français avec reverso) Des chutes de neige massives sèment la pagaille en Espagne., verglas... L'Espagne, est saisie par une vague de froid. Vingt-sept des cinquante provinces sont en  La neige et le verglas ont frappé une bonne moitié de l'Espagne au cours des jours derniers. Le nord et le centre sont touchés - ce qui n'est pas inhabituel - mais aussi l'Andalousie ou encore les Baléares. En Murcie, dans le sud-est, il n'avait pas neigé depuis 1983. Ces précipitations ont provoqué d'importantes difficultés de circulation. Quatre autoroutes majeures, ainsi que de nombreux axes secondaires ont été temporairement coupés à la circulation. Les Asturies, la Cantabrie et une partie du Pays Basque sont en alerte rouge "neige".(source ouest-france.fr 03/02/2018) Je n'ai pas retrouvé la source mais je me souviens avoir lu d'après Conchita qu'à un moment il ne sera possible de venir à Garabandal que par le sud, or la région côtière nord a vu une circulation difficile dans cette alerte neigeuse.

Le 11 février 2018 un décret du pape François prendra un sens imprévisible sans lui le 31 mai 2021.

La mémoire de la bienheureuse Vierge Marie, Mère de l'Église était déjà présente dans la foi chrétienne des premiers siècles, avec saint Augustin et saint Léon le Grand. Quand cette qualification a été établie officiellement par Paul VI en 1964 certains pays l'ont insérée dans leur calendrier local, comme la Pologne (qui nous a donné le pape Jean Paul II) ou l'Argentine (qui nous a donné le pape François) Désormais étendue à l'Église universelle comme une fête d'obligation cette célébration se fera chaque année le lundi de Pentecôte. Le pape François espère que cette mémoire favorisera la croissance du sens maternel de l'Église et une vraie piété mariale.le décret a été signé le 11 février 2018, fête de Notre-Dame de Lourdes. (source famillechretienne.fr)

Signe d'alerte en France, cette mi février, le pouvoir politique donne le coup d'envoi de ce qui pourrait accoucher d'un terrible affrontement social. Le risque en était connu dès le 01/07/2017, quand reseauinternational.net publiait : Le jeune Macron n'a pas encore compris qu'on ne pouvait pas bâillonner la

France et l'empêcher de dire ce qu'elle pense ! Il va l'apprendre à ses dépens, car la leçon sera certainement violente pour lui ... La France sera sans aucun doute dans la rue, très prochainement et il aura des nouvelles des Français qui ont gardé jusqu'à présent le silence en le regardant faire.

Éric Le Boucher resté proche d'Emmanuel Macron avait déclaré que la guerre sociale aura bien lieu, car les mesures annoncées par ordonnances seront forcément radicales et les syndicats vont immanquablement les rejeter et vouloir jouer leur va-tout. «Rue contre rue», nous dit le journaliste bien informé. Un plan de la dernière chance ? Risqué, mais jouable... Cela nous indique au moins une chose: à l'Élysée, on semble prêt à tout pour qu'après les ordonnances «force reste à la loi». (lepoint.fr/invités-du-point/jean-nouailhac/vers-une-guerre-sociale-a-la- rentree-24-05-2017)

Si les craintes d' Éric Le Boucher se sont décalées de quelques mois, elles trouvent leur origine le 16 octobre 2017, donc à l'automne comme il le pressentait.

En se projetant au 26 février, sur un chantier comme celui-ci, propice à enflammer les puissants syndicats de cheminots aux capacités de blocage importantes, Édouard Philippe s'est présenté en pompier venu éteindre un incendie potentiel. (source europe1.fr) Alors pourquoi l'allume-t-il ?

Axelle: Ils viennent les temps barbares. La situation sociale source de tensions croissantes se détériorera soudain. Attisés par des prophètes de malheur et démagogues de tous genres les pauvres se révolteront.

DB : Il vient encore un violent cyclone.

MJJ : Ce bouleversement ne viendra que des hommes qui n'auront pas cessé de régner avec leurs lois de la terre.

Madame Royer : On amasse du bois pour allumer l'incendie.

Habitué à passer en force, l'exécutif se heurte pour la première fois à une levée de boucliers des partenaires sociaux sur la formation professionnelle en France mi février. « Si on nous piétine, il ne faudra pas ensuite venir nous chercher pour éteindre l'incendie » a mis en garde le patron de la CFDT dans «Les Échos ». (source Quotidien Rhône Alpes «Le Progrès» le 05/03/2017)

Marie Julie Jahenny avait vu que les mois consacrés à honorer le sang de Jésus et son cœur, (juin et juillet) ce serait le signal des châtiments et de la guerre civile.

En se projetant au 26 février on saura que sur la SNCF le gouvernement veut aller vite avec une réforme avant l'été. (source ladepeche.fr/26/02/ 2018)

Matignon, le 15/02/2018. Communiqué de presse (extraits) :

Le Premier ministre a reçu aujourd'hui le rapport de la mission qu'il avait confiée à M. Jean-Cyril Spinette le 16 octobre 2017 afin de proposer une stratégie d'ensemble pour une refondation de notre modèle de transport ferroviaire... Ces propositions doivent désormais faire l'objet d'un examen approfondi par le Gouvernement et d'un dialogue avec l'ensemble des acteurs concernés.

Le 24/02/2018 on nous rappelle que le gouvernement bénéficie d'une exaspération croissante des Français envers la SNCF: pannes à répétition, forte médiatisation des bugs monumentaux gare Montparnasse... entre les Français et leur service public, le divorce semble consommé. (source alantico.fr le 24/02/2018) Interviewé dans Les Échos le 16 mai 2017, Pierre Berger leader de la CFDT, première centrale syndicale française avait déclaré : Personne n'a intérêt à ce qu'il échoue. On ne sait pas ce qui se passerait alors, je pense même au risque d'affrontements violents.

Le 25/02/2018 au salon de l'agriculture un cheminot a fait part de ses inquiétudes au Président de la République qui lui a répondu : "Mon grand-père était cheminot et n'avait pas la même vie que vous. Je ne peux pas avoir des agriculteurs qui n'auront parfois pas de retraite et dire qu'il ne faut pas changer le statut des cheminots". (source francetvinfo.fr)


Le 26/02/2018 Édouard Philippe a confirmé la volonté du gouvernement de recourir aux ordonnances pour faire passer rapidement sa réforme de la SNCF ... si certains tentent de pervertir les discussions, d'en faire un débat idéologique, alors le gouvernent prendra ses responsabilités a-t-il menacé. (source europe1.fr) Le Premier ministre fait le pari que les Français ne soutiendront ni la SNCF dont le service s'est dégradé, ni les cheminots qu'ils verraient comme des privilégiés. Emmanuel Macron via Édouard Philippe veut une bataille symbolique, celle qui ouvrira tous les champs des possibles,(source lesechos.fr/26/02/2018)


Une bataille de niveau historique s'engage: ... Le gouvernement ... est engagé dans une offensive générale contre les conquêtes sociales et démocratiques. Face à cette offensive ... la majorité des organisations syndicales, au premier rang desquelles la CGT, est décidée à organiser la construction du rapport de force... (source cgtservicespublics.fr/ 22/02/2018) Le secrétaire national de SUD Rail a lancé : "Si le gouvernement persiste, on va mettre le feu". Le secrétaire général de la CGT prévient que si les salariés de la SNCF sont en grève, il n'y a pas de train et on ne peut plus se déplacer". On n'attendra pas le 22", a dit le secrétaire général de la CFDT-Cheminots. (source linternaute.com/26/02/2018) Les organisations CFTC, CGC, CGT, FAFP, FO, FSU et Solidaires déposent ensemble un préavis de grève pour la journée du 22 mars 2018 pour l'ensemble des agents de la fonction publique. (source cgtservicespublics.fr/ le 26/02/2018))

Le ministre de l'Économie et des Finances à Paris, avait déclaré ce même 26 février 2018 : «Aujourd'hui, la SNCF perd trois milliards d'euros par an. On ne peut pas continuer comme ça, on va droit dans le mur», a insisté le ministre, jugeant nécessaire que le groupe public soit «plus compétitif» (source liberation.fr)

Les cheminots ont appris dès le lendemain qu'ils toucheront 350 à 450 euros d'intéressement, car financièrement la SNCF se porte bien cette année. Guillaume Pépy a présenté les résultats cet après-midi: le bénéfice net a bondi, multiplié par 2,3 pour s'établir à 1,33 milliard euros. Après plusieurs années de baisse, le trafic ferroviaire repart.(rtl.fr/27/02/2018) La loi "Macron" et un décret du 7 décembre 2015 avaient instauré ce mécanisme pour chaque salarié devenant éligible à l'intéressement. Quant au 22 mars, quel symbole, le 22 mars 1968, le mouvement des enragés à la faculté de Nanterre marquait le déclenchement des événements de mai. (source leparisien.fr le 21/03/2008)

Dès le 1er juin, à la fin des événements de mai 1968, celles qui avaient été les petites filles de l'île Bouchard dépositaires d'un secret marial pour la france en décembre 1947, l'ont remis à l'archevêché de Tours.

Le dégagement par la force de la raffinerie de Fos sur mer, le 24 mai 2016 avait alors suscité une référence à l'action de Jules Moch de 1948.

Manuel Valls avait menacé et il est allé jusqu'au bout de la folle provocation de ce gouvernement, du 49.3 on est passé à de grands classiques, celle de Jules Moch faisant tirer sur les mineurs en grève. La police vient dans la nuit de charger contre les travailleurs qui bloquaient la raffinerie, ils ont chargé sans sommation contre des ouvriers et des militants désarmés qui n'ont opposé aucune résistance mais il y a eu néanmoins des blessés tant la violence policière ne faisait pas de quartier. Il y a eu une charge d'une violence inouïe selon le secrétaire fédéral de la branche pétrole de la CGT. Plusieurs manifestants ont été blessés. (source pcfbassin.fr/171-actualités-syndicales ... 29988-a-fos-scenes-de-guerre-contre-les-grevistes)

Le mouvement des mineurs du 4 octobre au 29 novembre 1948 "est l'une des plus dures, des plus longues, des plus violentes des grèves soutenues par la corporation minière sous la République. La riposte du ministre socialiste de l'Intérieur Jules Moch est immédiate. Dès les 3-4 octobre, le bassin lorrain est occupé par l'armée. Le 7, le personnel des cokeries est réquisitionné. A partir du

18 les CRS et la troupe déferlent dans l'ensemble des bassins. C'est l'état de siège. toutes les réunions et manifestations subversives ont été pratiquement suspendues dès le début de novembre et les mineurs communistes ont été ainsi privés de tous moyens de remonter le moral de leurs troupes ou de leur passer des consignes en vue de contre-attaques vers les installations minières gardées militairement" Partout en France, la force est utilisée pour faire cesser les occupations, ce qui donne parfois lieu à des affrontements d'une grande violence : 4 mineurs y laissent la vie. (source fresques.ina.fr)

Regard sur le Vatican:

Marie Julie Jahenny : Le troisième Pape sera plus saint, mais ne régnera que trois ans avant que Dieu ne l'appelle pour la récompense.

La canonisation est le processus par lequel une personne est déclarée sainte. Depuis l'extase de 1882 ont été canonisés Pie X, Jean XXIII et Jean Paul II élu pape en 1978 qui subit un attentat en 1981 et qui ajouta le 05 mars 1982 à son testament : « Je ressens d'autant plus profondément que je me trouve totalement entre les Mains de Dieu et je reste continuellement à la disposition de mon Seigneur, me remettant à Lui à travers Sa Mère Immaculée. »

Le 7 mars un décret reconnaît un nouveau miracle obtenu par l'intercession de Paul VI. Selon le site américain Crux , il sera canonisé lors de la clôture du synode sur les jeunes et le discernement vocationnel, choix symbolique pape Paul VI ayant créé les synodes des évêques à l'issue du concile Vatican II. (source fr.aleteia.org/07/03/ 2018)

Il est toujours possible qu'un autre pape moins saint que Jean Paul II soit canonisé après Paul VI. Le pape François a reconnu le 9 novembre 2017 les vertus héroïques de Jean Paul Ier, ouvrant la voie à sa béatification, ce qui peut être une étape avant sa future canonisation. Mais il serait étonnant qu'on ne soit pas en plein dans la crise universelle avant la fin de ce synode prévue ce 28 octobre 2018.

Amorce d'un tournant spirituel mondial

DB : L'iniquité touche à sa fin et cesse, après deux pleines lunes qui ont brillé pendant le mois des fleurs, l'arc-en-ciel de la paix apparaît sur la terre.

La plupart des gens ont l'impression en observant la Pleine Lune qu'elle dure 3 ou 4 jours mais en fait elle ne dure qu'un très bref moment. (source etoile-des-enfants.ch/article998)

Vu sous cet angle cela se produit régulièrement, dont les cinq premiers mois 2018, dont le mois de mai le mois des fleurs qui voit encore briller au début la pleine lune du 30 avril puis briller celle du 29 mai. La déclaration de paix faite à la terre et aux hommes ne dit pas qu'elle arrivera aussitôt.

Comme un schisme.

Selon Séraphin, frère de Conchita, il y aura comme un schisme avant l'avertissement.

Selon Saint Thomas d'Aquin, l'unité de l'Église est envisagée de deux façons : dans la connexion ou la communication réciproque des membres de l'Église entre eux; et, en outre, dans l'ordre de tous les membres de l'Église à une tête unique. Or, cette tête, c'est le Christ lui-même, dont le souverain pontife tient la place dans l'Église. C'est pourquoi on appelle schismatiques ceux qui ne veulent pas se soumettre au souverain pontife, et qui refusent la communion avec les membres de l'Église qui lui sont soumis. (source journals.openedition. Org/ mefrim/2018) Nous sommes parvenus à cette situation depuis la décision du conseil permanent des évêques allemands en date du 27 juin 2018.

Anne Catherine Emmerich : «Je vis le Pape en prières ; il était entouré de faux amis qui souvent faisaient le contraire de ce qu'il disait. Je vis le saint Père dans une grande tribulation et une grande angoisse touchant l'Église. Je le vis très entouré de trahisons. Ils veulent enlever au pasteur le pâturage qui est à lui ! Ils veulent en imposer un qui livre tout aux ennemis ! (alors saisie de colère, elle leva le poing en disant) Coquins d'allemands ! Attendez ! Vous n'y réussirez pas ! Le pasteur est sur un rocher ! Vous prêtres, vous ne bougez pas ! Vous dormez et la bergerie brûle par tous les bouts ! Vous ne faites rien ! Oh, comme vous pleurerez cela un jour !»

Dans une interview le 14 juin 2018 par le journal Die Zeit, Marco Politi, journaliste Italo-Allemand bien informé sur les événements au Vatican, explique qu'à ses yeux, le Pape François est dans une situation difficile car ses adversaires maintiennent la pression contre lui. Cela se voit dans les appels et lettres des Conservateurs contre Amoris Laetitia au cours des deux dernières années. On a même été à critiquer davantage le Pape en disant que certaines parties d'Amoris Laetitia pourraient être hérétiques. Il décrit le conflit actuel dans l'Église comme une guerre civile dans l'underground (de façon souterraine) entre les Progressistes et les Conservateurs. (source dieuetmoi lenul;Blogspot.Com/juin 2018)

Anne Catherine Emmerich: «Je vis l'Église de saint Pierre et une énorme quantité d'hommes qui travaillaient à la renverser, mais j'en vis aussi d'autres qui y faisaient des réparations... lorsque je vis les démolisseurs, je fus émerveillée de leur grande habilité. Ils avaient toutes sortes de machines ; tout se faisait suivant un plan ; rien ne s'écroulait de soi-même. Ils ne faisaient pas de bruit ; ils faisaient attention à tout ; ils avaient recours à des ruses de toute espèce, et les pierres semblaient souvent disparaître de leurs mains. Quelques-uns d'entre eux rebâtissaient ; ils détruisaient ce qui est saint et grand et ce qu'ils édifiaient n'était que du vide, du creux, du superflu. Ils emportaient les pierres de l'autel et en faisaient un perron à l'entrée»


En février dernier, un guide pastoral sur l'intercommunion «Cheminer avec le Christ» avait été adopté aux trois quarts par les évêques allemands. (source vaticannews.va/fr:eglise/news/juin 2018)


Considérant qu'il outrepassaient les compétences de leur conférence épiscopale, car le sujet, l'Eucharistie, relève de l'Église universelle, sept évêques ont écrit à des membres de la Curie vaticane pour leur demander leur arbitrage. (source lacroix.com/29/06/2018)


Le 21 juin 2018 lors du vol de retour de son pèlerinage oecuménique à Genève le pape François interrogé si, au sujet de l'inter-communion,une intervention du Vatican sera nécessaire pour éclaircir les choses répond (extraits): « Le code de droit canonique prévoit ce dont les évêques allemands parlaient : la communion dans des cas spéciaux. Le Code dit que l'évêque de l'Église particulière, s'il est d'un diocèse doit gérer cela : c'est entre ses mains. Ce mot est important : particulière. Le code prévoit la compétence de l'évêque diocésain mais pas de la conférence épiscopale, car une chose approuvée par une conférence épiscopale devient immédiatement universelle. Dans l'Église particulière, le Code le permet; dans l'Église locale, il ne peut pas, parce que ce serait universel. L'église locale c'est la conférence. La conférence peut étudier et donner des lignes d'orientation pour aider les évêques à gérer les cas particuliers. ( source medias-catholique.info/... )

Le 25 mai 2018 le préfet de la congrégation de la doctrine de la foi, Luis Federer Ladaria dans une lettre au Cardinal Reinhard Marx en référence au document « Cheminer avec le Christ.» écrit que « Notre entretien du 3 mai 2018 a montré que le texte du guide soulève une série de problèmes de grande importance. Le Saint-Père est donc parvenu à la conclusion que ce document n'est pas mûr pour être publié. La question de l'admission à la communion de chrétiens évangéliques dans des mariages interconfessionnels est un thème qui touche à la foi de l'Église et qui concerne l'Église universelle. Une telle question a des impacts sur les rapports œcuméniques avec d'autres Églises et d'autres communautés ecclésiales qu'il convient de ne pas sous-estimer. Cette thématique concerne le droit de l'Église, principalement l'interprétation du canon 844 CIC. Étant donné que dans certains secteurs de l'Église, il y a des questions ouvertes sur ce sujet, les dicastères compétentes du Saint-Siège ont déjà été chargés de fournir une clarification convenable sur ces questions au niveau de l'Église universelle. Il semble en particulier opportun de laisser l'évêque diocésain juger de l'existence d'une grave nécessité . Il est très important pour le Saint-Père que l'esprit de collégialité épiscopale reste vivant au sein de la Conférence épiscopale allemande. (source gloria.tv)

Le 27 juin 2018 le conseil permanent des évêques allemands a décidé à l'unanimité de rendre public, sur Internet, tous les documents relatifs au possible accès à l'Eucharistie des couples mixtes catholiques-protestants. Sous un court texte introductif, on peut désormais accéder, grâce à des liens au document initial adopté en février lors de leur assemblée plénière. (source la-croix.com/29/06/2018)

Les dirigeants de la conférence des évêques allemands se disent "obligés d'aller de l'avant" avec leur proposition de créer des directives nationales pour permettre aux protestants mariés aux catholiques de recevoir la communion, même après que le chef doctrinal du Vatican leur ait demandé de les mettre de côté. "Il est important pour nous que nous soyons dans une quête œcuménique pour parvenir à une compréhension plus profonde et même à une plus grande unité entre les chrétiens", a déclaré le conseil permanent de la conférence dans un communiqué publié 27 juin 2018."Nous nous estimons obligés d'avancer courageusement dans cette affaire avec courage. (source paroissiens-progressistes. over-blog.com/)

Retour à la situation en France

Marie Julie Jahenny : Le Seigneur a marqué trois mois de fatals et terribles châtiments. Il abrégera beaucoup.

Réflexion : Deux hypothèses semblent encore plausibles à ce stade. Soit les trois mois eux-mêmes décomposés en deux phases articulées autour d'un répit seraient raccourcis, soit ces trois mois correspondent à une limite imposée à cette période de troubles alors que la situation aurait pu en provoquer beaucoup plus. Ce qui se passerait, lors de la première crise, semblant plutôt conforter cette hypothèse.

MJJ : Les mois du Sacré Coeur (juin) et de mon Sang (juillet) sera le signal des châtiments, guerre civile.

Châtiments: Il ne s'agit pas d'une vengeance de Dieu en dépit de notre conception de châtiment de cette façon, mais de nous laisser expérimenter nos choix de n'en faire qu'à notre tête en dépit des dangers pour nous. On peut le comprendre peut-être un peu en décryptant le texte de saint Mathieu avec celui du prophète Jérémie.

Combien de fois ai-je voulu rassembler tes enfants à la manière dont une poule rassemble ses poussins sous ses ailes..., et vous n'avez pas voulu ! Voici que votre maison va vous être laissée déserte. Je vous le dis, en effet, désormais vous ne me verrez plus, jusqu'à ce que vous disiez : Béni soit celui qui vient au nom du Seigneur !(Saint Mathieu chapitre 23)


La virgule entre châtiments et guerre civile plutôt que de désigner un élément des châtiments, indique-t-elle que la guerre civile commencerait avant que finisse juillet ? Je l'ignore . Par contre, si la virgule n'a pas d'implication chronologique, la guerre civile peut commencer par Paris entre fin juillet et, en gros, la mi octobre 2018, pour s'insérer avant les événements révolutionnaires, que nous verrons plus tard à Rome.


La confrontation est inéluctable, avait estimé Patrick Calvar alors patron de la DGSI, et de préciser : "Vous aurez une confrontation entre l'ultra droite et le monde musulman - pas les islamistes mais bien le monde musulman". Encore un ou deux attentats et elle adviendra", avait-il prévenu le 10 mai 2016 devant la commission de la Défense nationale de l'Assemblée nationale. Il recommandait d'anticiper et de bloquer toute possibilité d'affrontements intercommunautaires. (source marianne.net/12/07/2016)


Guerre civile : Lutte armée qui oppose, à l'intérieur d'un État, des groupes importants (classes sociales, ethnies, ou groupes religieux). Lorsqu'une guerre civile est gagnée par les opposants au régime établi antérieurement, ceux-ci l'inscrivent habituellement dans le cadre d'une révolution , qui désigne un changement profond de régime ou de structures. Une guerre civile, de par son ampleur, se distingue d'une révolte ou d'une insurrection au caractère plus ponctuel. ( source perspective monde: outil pédagogique des grandes tendances mondiales depuis 1945/école de politique appliquée/université de Sherbrooke/Californie)

Pour que les conditions de la guerre civile soient réunies, il fallait qu'une communauté soit décidée à régler par la violence, ces différents avec une autre. Le signal en est apparu publiquement le 24 juin 2016.

Fréquentant l'ultra-droite radicale, dix personnes, interpellées dans la nuit du 23 au 24 juin, sont en garde à vue et cela peut durer jusqu'à 96 heures. La plupart inconnus des services de police et avaient une vie officiellement sans histoire. D'après nos informations, plusieurs armes à feu ont été découvertes en perquisition. Plusieurs suspects avaient évoqué la fabrication de grenades et d'autres explosifs pour mener à bien leur projet. Selon nos informations, ils ciblaient notamment des imams radicaux. (source lci.fr/25 juin 2017)

Axelle : Soudain, l'ordre qui semblait établi vacillera. Vous avez déjà connu cela à la Révolution. Chacun pour défendre ses intérêts, écrasera son voisin au sens propre.

Extrait du message de Jésus du 24/12/ 1991 à Vassula :
« Satan est entré dans les cœurs de Mes enfants, les trouvant affaiblis et endormis. J'ai averti le monde... Je permettrai au Dragon de mordre cette génération pécheresse et de précipiter sur elle un Feu que le monde n'a jamais vu auparavant ni ne verra jamais plus, afin de brûler ses innombrables crimes».


MJJ : Époque endormie, anesthésiée, par la recherche effrénée du confort et des plaisirs, oublieuse du sens de la vie, de ses devoirs envers Dieu et envers elle-même, époque rêvant à un avenir utopique, qui se révèle être un terrible cauchemar. Qui ne sent le besoin d'un brutal son de cloche pour échapper au coma définitif !


Le 11 juillet 2018 – La France s'est qualifiée pour la finale du Mondial 2018 ... victoire accueillie par des explosions de joie partout en France. (source francebleu.fr/)


Scènes de joie partout en France après le sacre des Bleus dimanche 15 juillet. (source francebleu.fr/)


Le scandale qui monte en puissance depuis le mercredi 18 juillet (exactement une semaine après le 11 juillet) est révélateur de la dégradation de la vie politique en France. Un collaborateur d'Emmanuel Macron est impliqué dans des actes de violences contre un manifestant lors de la manifestation du 1er mai dernier. Ill aurait « infiltré » les rangs de la police après s'être muni d'un brassard officiel et, autre circonstance aggravante, il aurait été accompagné d'un autre membre de l'entourage du Président. (source fr. sputniknews.com/points_de_vue/ 20/07/2018)

Marie thé : Un homme ... en France ... gouvernera avec une main de fer. Un vent de révolte se lèvera contre lui.

Le 21/07/2018. L'Elysée est frappé de tétanie et compte sur la lassitude et les vacances pour s'en sortir. Mais, puisque le tour de France ne passionne plus les foules et que le Mondial est fini, l'affaire Benalla aura du mal à s'apaiser. (source atlantico. Fr/ 21/07/2018)

Marie des terreaux : Il y aura un moment d'anarchie effrayante pendant lequel on verra se renouveler tous les désordres des temps les plus mauvais, mais ce temps de désolation sera de courte durée.

MJJ : Les grands châtiments commenceront par la France. Après elle, toutes les autres nations auront leur justice, parce qu'ensuite la paix doit régner partout.

Sur la manière dont devrait débuter la première crise, c'est quasiment une certitude.

Maria Bordoni : Il y aura un mort à Paris et le moment de cette mort sera le signal de la justice divine pour Paris et la France. De ce moment il faudra quitter Paris pour ne pas être massacré et consumé par les flammes.

MJJ: Lors de cette heure terrible, les étrangers, dont le désir est rempli d'une violence qui ne se possède pas, seront maîtres en France. Dès la nouvelle du fatal événement, leurs oreilles ne seront pas sourdes ! Pendant cette lutte première, en toute l'étendue de la France, il y aura liberté pour tout. Il n'y aura plus de captifs retenus pour crimes.

L'extatique de Grenoble, selon que le rapporte le site internet marie-julie-jahenny.fr, aussitôt à la lueur des éclairs et des flammes, vit Paris qui brûlait et un personnage étendu mort, sans sépulture et elle ajoutait que, quand on apprendra la mort de ce personnage, qu'on fuie, qu'on se cache. Mais si cet événement marque le début de la crise il faut, sauf s'il s'agit d'éclairs de gyrophares des véhicules du service d'ordre et des secours, se serait dans un contexte d'orage.Qu'on fuie, qu'on se cache, c'est le jour de la justice.

Une tendance orageuse pourrait intervenir pour la toute fin du mois de juillet ou début août... Plus globalement, alternances de périodes très estivales et orageuses seraient au rendez-vous. ( source meteocontact.fr/ actualite/20 juillet 2018)

Marie des terreaux : Au moment où la France sera frappée de manière terrible, tout l'univers le sera aussi. Ce sera le signal auquel les bons reconnaîtront que l'heure est arrivée pour le Grand Coup.

La notion de jour de justice associée à l'universalité pourrait indiquer que le grand avertissement se produira au début de la révolution à Paris.

Conchita : Pendant la courte période que durera l'avertissement nous aurons suffisamment de temps pour être confrontés d'une façon vécue avec la Justice de Dieu.

Selon l'extatique de Grenoble ce ne sera que le début d'une période difficile, les chrétiens de Paris devant se préparer à un épisode ultérieur douloureux, placé dans ce livre au début de 2021.

Avertissez je vous en supplie Monseigneur, les évêques, les prêtres et toutes les communautés de veiller à tout cela et de se munir après cela d'habits laïcs, pour prendre la fuite quand il le faudra pour éviter le massacre.

Marie Julie Jahenny a fait allusion à un grand coup qu'elle plaçait dans la troisième époque de la crise universelle, appelé châtiment par Conchita et encore trois jours de ténèbres par d'autres prophètes, dont on parlera dans les mois froids début 2022.

L'avertissement

Conchita: quand vous verrez l'avertissement, vous aurez que nous avons ouvert la porte de la fin des temps.

Apocalypse de saint Jean : Un ange puissant descendait du ciel, enveloppé d'une nuée; au-dessus de sa tête était l'arc-en-ciel, et il cria comme rugit un lion et les sept tonnerres firent entendre leurs voix.

Lucie de Fatima : nous avons vu ... un Ange avec une épée de feu dans la main gauche ; elle scintillait et émettait des flammes qui, semblait-il, devaient incendier le monde ; mais elles s'éteignaient au contact de la splendeur qui émanait de la main droite de Notre-Dame en direction de lui ; l'Ange, indiquant la terre avec sa main droite, dit d'une voix forte : «Pénitence! Pénitence! » Leur vision était symbolique.

Conchita : C'est un phénomène qui sera vu et qui sera senti partout dans le monde entier. Questionnée : L'éprouverons-nous tous au même moment ? Elle a répondu : Oui, au même moment.

Jacinta ; L'avertissement sera d'abord vu en l'air partout dans le monde et immédiatement transmis à l'intérieur de l'âme, comme un feu venant du ciel.

Conchita : Ce phénomène ne causera pas de dommage physique, mais il nous emplira d'horreur car à ce moment précis, nous verrons nos âmes et les maux dont nous sommes responsables.

Au moment de l'avertissement, chacun se retrouvera face à lui-même, comme dans un miroir. ( source etoilenotredame.org)

L'image est utilisée dans le troisième secret de Fatima, ce qui permet de croire que quand il sera vécu l'exécution du secret ne tardera pas. « Et nous vîmes dans une lumière immense qui est Dieu. Quelque chose de semblable à la manière dont se voient les personnes dans un miroir quand elles passent devant. (extrait du secret) »

Interrogée en 1982 si la Vierge a parlé du pape devant quitter Rome au moment de l'avertissement, Marie Loli a répondu : Non, mais il m'a semblé que c'était comme si. Je confondais peut-être alors ce que je voyais et ce que la Sainte Vierge me disait... ce qui me semblait à moi, c'est que le Pape lui-même ne pouvait être à Rome à découvert. On le persécutait, lui aussi, et il devait se cacher comme tout le monde. S'il est possible qu'au temps de l'avertissement une vague d'attentats oblige tout le monde à Rome à se cacher comme les autres, et que le pape soit une cible privilégiée, rien ne permet d'en être certain. On saut seulement qu'une vidéo de Daech montra des combattants se tenir sur des bustes de Jésus en déchirant des photos du pape. (source dakarflash.com/25/8/2017)

MJJ : Le Saint Siège suivra de près le renversement de la France.

On ne sait pas quand ceci se produira même en prenant comme repère le début de la révolution en France.

Axelle: Dans l'Église le pape subira un martyr... tous ses fidèles l'abandonneront. On dira qu'il a perdu la raison. Ah comme il souffrira.

SRCA : « Une grande persécution éclatera contre l'Église et sera l'œuvre des propres enfants de celle-ci. »

DB : Tout à coup le pape est frappé gravement et tombe avec honneur. Secouru avec sollicitude.

Axelle : Il devra s'échapper par les airs et par les montagnes. Il se réfugiera dans un lieu secret.

J'ai lu dans ma jeunesse une prophétie qui voyait un pape fuir vers la mer occidentale. Vu de Rome, il s'agit de la Méditerranée. Les premières montagnes survolées après cette mer sont celles d'Espagne et du Portugal, à moins qu'il ne s'agisse de montagnes encore plus à l'ouest, celles d'Amérique latine.

Pier Carpi : Ton règne sera grand et bref père.

Alors qu'il était pape depuis deux ans, le pape François confia à la télévision mexicaine : J'ai la sensation que mon pontificat sera bref, quatre ou cinq ans, peut-être deux ou trois. Deux sont déjà passés. C'est comme une sensation un peu vague, peut-être que c'est comme la psychologie du joueur de hasard qui se convainc qu'il perdra, de façon à ne pas se faire d'illusions, et à être content s'il gagne. Je ne sais pas... Mais j'ai la sensation que le Seigneur m'a mis ici pour une chose brève, et rien de plus. Mais c'est une sensation. Je laisse toujours ouverte la possibilité» (source fr.radiovaticana.va/le 13/3/2015)

Pier Carpi : Ton règne te mènera dans la terre lointaine où tu es né et où tu seras enseveli.

La terre où le pape François est né ne se limite pas à Buenos Aires et à l'Argentine : «... dans un contexte comme celui de l'Amérique latine. Parler du saint peuple de Dieu, c'est parler de l'horizon vers lequel nous sommes appelés à regarder ... Dans notre peuple, il nous est demandé de conserver deux mémoires. La mémoire de Jésus-Christ et celle de nos ancêtres » (source fr.zenit.org/09/03/2016 citant la lettre du pape au cardinal Douelle )

Pier Carpi a passé sous silence ce temps de refuge qui durera peut-être des mois. J'ai du mal à mesurer l'aveuglement des ennemis catholiques du pape après l'avertissement, continuant leurs complots.

Un drame, il y a près de 2000 ans, nous donne une indication du trouble qui pourrait les tourmenter : Joseph et Nicodème presque arrivés en bas du Calvaire rencontrent Gamaliel qui monte en courant hors de lui : "Gamaliel! Toi!" s'écrient-ils. Et Gamaliel raconte: "J'étais dans le temple! Le signe! Le temple tout ouvert! Le rideau pourpre et jacinthe pend déchiré! Le Saint des Saints est découvert! Anathème sur nous!" Les deux le regardent s'éloigner et se souviennent de la promesse faite par Jésus à Gamaliel: " Ces pierres frémiront à mes dernières paroles! " Arrivé au Calvaire Gamaliel se jette au pied de la Croix en gémissant: " Le signe ! Le signe ! Dis-moi que Tu me pardonnes ! " Son désespoir est grand quand il comprend que Jésus est mort. Il pleure et dit: "C'était Toi! C'était Toi! Nous ne pouvons plus être pardonnés. Nous avons demandé ton sang sur nous... Mais Tu étais la miséricorde!... Ton sang sur nous, par pitié. Asperge-nous avec lui! Car lui seul peut nous obtenir le pardon..." Et voici la phrase qui peut expliquer bien des erreurs, non seulement celles du Peuple juif, mais également les nôtres quand nous refusons de voir les signes des temps: "Et puis, doucement, Gamaliel reconnaît sa secrète torture: "J'ai le signe demandé... Mais des siècles et des siècles de cécité spirituelle restent sur ma vue intérieure, et, contre ma volonté de maintenant, se dresse la voix de mon orgueilleuse pensée d'hier... Pitié pour moi!... Je suis le vieux juif fidèle à ce qu'il croyait justice et qui était erreur..." (source .spiritualite-chretienne.com/passion/Valtorta-11.html)

Conchita : La Vierge nous a dit que l'avertissement et le miracle seront les derniers signes ou avertissements spectaculaires que Dieu nous donnera.

Revenons à la situation en France.


Abbé Souffrant : L'année des deux printemps la république s'écroulera dans le sang.


Puisqu'il s'agit de la France deux définitions du centre national de ressources textuelles et lexicales sur le printemps nous aident à comprendre : L'un des deux serait le Printemps astronomique, intervalle de temps compris entre le 21 mars et le 21 juin environ, dans l'hémisphère nord. L'autre printemps serait une période d'insurrection ou de réformes caractérisée par l'épanouissement de certaines idées progressistes. (on sera en pleine insurrection populaire) Plaçons nous donc au début de la révolution, ce jour du mort à Paris.


Révélation transmise à l'Abbé Curicque : « Il me semblait, mon Père, que je vis éclater la révolution d'une manière terrible ; il me semblait voir tout à coup sortir des foules armées dans toutes les rues de Paris et d'ailleurs ; je vis les chemins de fer interrompus par les brigands (personnes qui se livrent au vol, au pillage à main armée), et chacun, qui n'avait pas pris ses précautions d'avance, condamné à rester dans sa maison et beaucoup à y être égorgés.


On conçoit difficilement qu'un avertissement céleste appelle brigands des cheminots défendant leur statut même un jour où un incident marquerait une journée de grève. De plus si la révolte commençait en juillet ou en août, la période, en pleines vacances en France, n'est pas propice à une action syndicale massive. Par contre si la révolte démarre sur une réaction de colère de populations issues de l'immigration, comme en 2005, les conséquences seraient majorées un week-end de grande affluence dans les gares parisiennes.

Selon la journaliste Claudine Gilbert, en duplex depuis la gare Montparnasse à Paris, jusqu'à dimanche (30 juillet au soir). 280 000 voyageurs vont transiter ici. L'effectif des chiens renifleurs a été renforcé. Ce sont eux qui traquent les colis suspect dans les gares pour ce grand chassé-croisé entre les vacanciers de juillet et ceux du mois d'août." La SNCF prévoit d'accueillir un million de personnes dans l'ensemble des gares de l'hexagone. (source francetvinfo.fr/ 28/ 07/ 2017)

MJJ : Le commencement de la mortelle crise révolutionnaire durera quatre semaines, pas un jour de plus, pas un de moins, l'étendue en sera immense.

Dans le cadre de mes comparaisons entre les prophéties et leur expression dans en événements que nous vivrons, j'ai tenu compte de cc qui me semblait logique, mais j'ai pu me tromper en affectant tel événement à une de deux crises plutôt qu'à l'autre. Il est possible que certains affectent les deux crises, et même, les dépassent.

MJJ : Le nombre de ceux appelés "meurtriers du peuple" sera d'une immensité inconcevable.

Un prêtre avait été égorgé à Saint Etienne du Rouvray le 26 juillet 2016. Selon lefigaro.fr l'organisation État islamique, qui l'avait revendiqué avait envoyé un message clair : ses soldats peuvent passer à l'attaque partout où ils l'entendent. Jusqu'au cœur de nos provinces.

Vision de Mélanie Calvat, bergère de la Salette : L'abbé Rigaux, revenait de La Salette avec Mélanie, traversant Paris de la gare de Lyon à la gare du Nord, elle lui dit en désignant la rive droite : « Tout ce que vous voyez de ce côté là-bas sera rouge. Tout cela brûlera. Les flammes s'arrêteront à peu près là. »

DB: Le panthéon sera réduit en flammes.

Une institution importante, gardienne et véhicule du message républicain, le Panthéon, est bien le symbole de la lente et difficile marche de la France vers la République, vers sa construction : il est le dépositaire de cette mémoire historique et le garant de ce projet politique. (source liberation.fr/tribune/25/12/2006/)

L'Abbé Rigaux ne connaissait que la réputation des quartiers de Paris de son époque. « Dès le XIXe siècle, la Goutte d'Or c'était la misère ouvrière. Gervaise, de

Zola, habite et travaille à la Goutte d'Or. » ( source franceinfotv. Fr/ 3/9/2015)


Mélanie montrait le canal Saint-Martin. « Ces maisons seront vides , car les habitants seront partis dans les quartiers riches pour piller, avec des draps. » Devant la statue de la République, elle ajouta : « La gueuse! Elle ne sera pas fière quand Paris brûlera en ce jour-là. »


Porte de la Chapelle à Paris: Jusqu'à 200 personnes avaient défilé le 21 octobre 2017 . Partie de la porte de la Chapelle, la procession s'est dirigée vers la mairie du 18e arrondissement en passant par Barbes. «Nous n'avons pas demandé à être dans cette situation, mais nous le sommes par contrainte (guerre, famine, conflits ethniques et religieux…). Nous demandons à être pris en compte comme tous les autres êtres humains» tel était l'appel des organisateurs. « Non aux expulsions, nous voulons vivre en France», «Tous solidaires avec les personnes qui fuient la guerre», pouvait-on lire sur les banderoles. (source sputnik.news/21/10/2017) Les banderoles des draps, sans hampe, seulement tenus à la main et peints à la main en français et en arabe.


Mélanie Calvat a vu la population s'efforcer de fuir Paris dans des désordres inextricables et d'indiquer qu'on sortira le premier jour,le deuxième jour avec grand'peine, le troisième jour on ne pourra plus. Même les conducteurs de voiture s'insulteront, pris dans la souricière d'une fumée asphyxiante.

Une grande bataille pour le contrôle de Lyon serait quasiment parallèle à la bataille dans Paris. Ce qui renforcerait l'hypothèse d'une première crise sur base d'affrontements intercommunautaires.

A partir du XIXème siècle la Guillotière a abrité italiens, grecs, arméniens, juifs d'Europe de l'Est, espagnols, maghrébins, asiatiques. Vers la fin du siècle suivant la Grande Rue de la Guillotière devint un lieu commercial privilégié pour les populations qui sont venues de l'Afrique subsaharienne. (source culturebox. francetvinfo.fr/4/6/ 2013) Aux environs de Lyon, les communes où la population cumule toutes les formes de précarité sont Vaulx en Velin, Saint Fons, Vénissieux et Givors. (source Insee Analyses Rhône-Alpes n°22 février 2015)

Marie des terreaux : Un grand combat aura lieu près de Lyon, dans la plaine de Saint Fons et dans toute l'étendue du faubourg et du pont de la Guillotière, jusque dans la rue de la Barre. Le combat fut épouvantable et vint comme s'éteindre à l'entrée de la place Bellecour. Ce combat auquel prendront part un grand nombre de gardes nationaux sera affreux. De part et d'autre, on combattra en désespérés. Mais les étrangers seront écrasés et n'entreront point à Lyon.

La garde nationale actuelle a été conçue comme une réserve pour aider l'armée. Sa mobilisation pour protéger Lyon souligne l'âpreté des combats.

Marie des terreaux: Des hommes revenaient du grand combat disant : Comment avons-nous pu échapper à ce massacre? Trouvant étonnés des croix, des médailles, des reliques, ils s'écriaient : « Ah ! Ma femme, ma fille, ma sœur les ont placées dans nos habits, ce qui nous a préservés, et ils se convertirent.

Marie Thé : Dans un premier temps l'homme levé en France écrasera le vent de révolte contre lui par une intervention quasi-militariste.

Axelle en a aussi parlé : L'armée s'en mêlera,.

Il semble que l'intervention de l'armée ne suffirait pas et que le président de la république ferait appel à une intervention européenne, mais cela jettera de l'huile sur le feu au lieu d'apaiser les choses. Il en a la possibilité dans le cadre de l'union européenne.

Traité sur l'Union européenne (version consolidée) La politique de sécurité commune fait partie intégrante de la politique de sécurité commune... (art 42-1) Les missions dans lesquelles l'Union peut avoir recours à des moyens militaires, incluent les missions de forces de combat y compris celles de rétablissement de la paix. (art 43-1) Un cadre technique existe qui s'il était utilisé pourrait expliquer la fureur du peuple. Selon Philippe Migault directeur du Centre européen d'analyses stratégiques , ces unités internationales dans le sein de la Bundeswehr , ne reposent pas sur un partenariat entre égaux, mais sur un abandon de souveraineté partiel des États, qui choisissent d'intégrer une partie de leurs moyens au sein de l'armée allemande. La force de réaction rapide allemande compte dans ses effectifs une brigade néerlandaise, et, une brigade roumaine, tandis qu'une autre brigade néerlandaise et une brigade tchèque ont intégré des divisions blindées de l'armée allemande. (source francais.rt.com/ 12/6/2017)

Marie des terreaux : La France sera un moment menacée de toutes parts par les puissances étrangères, sans qu'on le sache à l'intérieur. La surprise et l'épouvante qu'en causera la nouvelle mettront le peuple en fureur et occasionneront l'anarchie et la guerre civile.

MJJ : Les armées étrangères vont entrer par la porte de l'Alsace et la Lorraine.

Le territoire de Belfort, trouée entre les vallées du Rhin et du Rhône faisait partie de l'Alsace jusqu'en 1870.

MJJ : Ils vont parvenir d'un seul élan autour de la grande ville (Paris). La plus forte armée va tomber sur Orléans et envahir des espaces de terre que je ne puis limiter.

Il s'agit d'une des unités européennes envoyée contre les émeutes, en France insurgée.

Tomber sur Orléans fait penser à un parachutage et on pense à la RAF. Selon le classement des armées les plus puissantes du monde du portail Globalfirepower, en ce qui concerne les armées européennes le Royaume-Uni vient juste derrière la France et avant l'Allemagne. (source sputniknews.com/31/08/2017)

MJJ : La lutte bouillonnera terriblement en allant vers la Bretagne. Ils se livreront au pillage et à la vengeance.

Par contre il semble s'agir du comportement des bandes insurgées en déroute, délogées par l'armée tombée sur Orléans

DB : Paris souffrira de la faim et d'épouvante ; le Panthéon sera réduit en cendres. Tes ennemis regarderont de loin tes palais en flammes.

Il s'agit évidemment d'une des unités militaires européennes envoyées contre la France insurgée.

MJJ : Ils n'y pénétreront qu'à la moitié de la crise.

La moitié d'une crise de 28 jours c'est 14 jours.

MJJ : France tu auras beaucoup à souffrir pendant &' jours de combats terribles.

Elle est y est revenue avec un propos entendu de Jésus.

MJJ : Tu sais que le nombre 14 a été choisi par Moi.

Cette notion de terribles combats arrêtés au nombre de 14 jours conforte l'idée que le raccourcissement des châtiments ne porte pas sur une réduction des trois mois mais sur leur contrôle mais sur leur limitation à cette durée.

MJJ : Les étrangers pénétreront en France et s'avanceront jusqu'aux environs de Lyon.

Probablement parce que Lyon aura pu contenir les émeutiers. Il s'agit évidemment d'une des unités militaires européennes envoyés contre la France insurgée.

Il y aura un temps de relatif apaisement.

MJJ: Un repos fort court suivra cette grande entrée dans le mal qui sera complet. La seconde crise commencera . Elle ira sans repos ni arrêt de respiration, jusqu'au trente septième ou au quarante cinquième jour. La seconde crise mettra le comble à toutes choses.

Axelle : L'armée se divisera. Le Président ira en exil. L'autorité ne sera plus détenue légitimement. Alors viendra le temps des hordes et des clans.

DB: La maison de prostitution européenne qui a perdu son chef est en proie au chaos.

MJJ : Dans le midi, Marseille, Valence, quelle boucherie ! Les régions du Nord, du Levant, du Midi, Paris, seront très atteintes.

Marie Thé: Le vent de révolte deviendra un feu dévorant et la France sera à feu et à sang.

MJJ: Le gouvernement s'envolera dans un autre pays quand il verra ces bouleversements.

Axelle : L'autorité ne sera plus détenue légitimement. Alors viendra le temps des hordes et des clans et se sera le triomphe de l'or et de l'argent facile. Le même phénomène éclatera ailleurs.

S R C A : La révolution doit s'étendre à toute l'Europe, où il n'y aura plus de calme, qu'après qu'avec les lys, la fleur blanche sera remontée sur le trône de France.


Regard sur l'Espagne.


MJJ : Vers le début de cette époque ce roi catholique sera forcé d'abandonner son royaume pour quelques mois et de se retirer à l'abri des poursuites.


Izquierda Unida signa des questions au gouvernement sur divers sujets liés à la monarchie... l'une portait sur un compte en Suisse du roi apparemment héritage de son père ... si aucun membre de la famille royale n'a des ressources à l'étranger et, en particulier, en paradis fiscaux " . (source izquierd-unida.es/15/03/2017)


MJJ : Le temps ne sera pas long avant qu'il puisse rentrer.


L'abdication du roi Juan Carlos avait relancé le débat entre monarchie et république. La Constitution espagnole mentionne la monarchie. Pour changer cela il faudrait, entre autres, qu'un amendement rassemble la majorité des deux tiers au Parlement et au Sénat. Cela conduirait à la dissolution du Parlement et à l'ouverture d'un processus constitutionnel. (source fr.euronews.com/17/06/2014)


75 ans après le coup d'État du 17 juillet 1936 un journaliste du quotidien ABC écrivait : « Jusqu'à quand les Espagnols continueront- ils à livrer notre guerre civile. Parce que les vaincus réclament au moins la victoire morale, les vainqueurs ne la leur accordent pas. Quand signerons nous la paix avec nous -mêmes ? « On lisait dans l'autre quotidien conservateur « Regardons, une fois pour toutes vers l'avant, et oublions cette idée qui fait de l'Histoire un fantôme qui nous poursuit et prend ce qu'il y a de pire en nous.» (source voxeurop.eu/fr 18/07/2011)


Bustamante député Izquierda Unida de Séville avait envisagé un référendum pour choisir entre république et monarchie disant que le temps est venu d'un référendum sur le modèle de l'État. (source izquierd-unida.es/15/03/2017)


Il est possible que forte de l'expérience désastreuse de la guerre civile de 1936 la gauche radicale opte pour un processus référendaire.


MJJ: La rentrée du roi sera un vrai triomphe qui ranimera sa foi et son espérance.

En se projetant vers mi mars 2021 on peut croire que ce retour se sera concrétisé d'ici avant mars 2019.


### Regard sur la Grande Bretagne.

MJJ : A la descente du trône d'une reine les choses ne se passeront pas comme le Seigneur l'exige.

Elle ne parle pas de mort. Peut-être une abdication ?

MJJ : Je prévois qu'à la sortie de ce trouble, il y aura nouveau règne pour la terre anglaise et un choix se fera, quand, soudain, la mort viendra frapper ceux qui ont en main un le gouvernail de ce Royaume.

Serait-ce n attentat contre le gouvernement anglais ?


### Regard sur la papauté.

MJJ : Le saint siège suivra de près le renversement de la France.

Axelle : La mort du pape sera décrétée et un simulacre d'accident expliquera la non reconnaissance des débris de son corps.

Sœur Catherine Filljung : Au cours des événements il se fera une élection après que le nouveau pape aura été régulièrement élu, les Allemands et les Italiens en susciteront un autre et l'on reverra le siège de Pierre disputé au Pontife légitime par un anti-Pape, il sera très facile de reconnaître le vrai : les bons chrétiens ne pourront pas s'y tromper.

Anne Catherine Emmerich : « Ils veulent enlever au pasteur le pâturage qui est à lui ! Ils veulent en imposer un qui livre tout aux ennemis ! » Alors saisie de colère, elle leva le poing en disant : « Coquins d'allemands ! Attendez ! Vous n'y réussirez pas !»

Presque tous suivront le faux Christ et la fausse Église. Sera ouverte alors la porte pour l'apparition de l'homme ou de la personne même de l'antéchrist. (Père Stephano Gobbi fondateur du mouvement sacerdotal marial)

Axelle : Alors on élira un pape ignominieux qui promulguera décrets et bulles pour tout libéraliser: accès des femmes au sacerdoce, invalidation du sacrement de pénitence sous prétexte d'oecuménisme et de rapprochement entre croyants. Le sacerdoce sera bafoué, les jeunes prêtres humiliés, l'église s'ouvrira au débat, le sacré sera mis à l'écart comme dépassé, désuet, l'Eucharistie deviendra un partage fraternel symbolique.

La persécution dévoilera le mystère d'iniquité sous la forme d'une imposture religieuse apportant aux hommes une solution apparente à leurs problèmes au prix de l'apostasie de la vérité. (source : catéchisme de l'Église catholique)

Axelle : ... l'Eucharistie deviendra un simple partage fraternel symbolique en souvenir du geste que je fis pour édifier.

Maria Valtorta : L'Antichrist, deviendra le maudit et l'obscur après avoir été un astre de mon armée.

Pier Carpi : Albert : De toi on dira paix mais tu sais que tu n'auras jamais de paix à l'intérieur.

Ce nom serait-il choisit par celui qui sortira du conclave après la fausse annonce de la mort du pape François ? Je l'ignore mais je crains que ce personnage déstabiliser l'Église catholique pendant de longs mois.

Il concentrera en sa personne ce qu'avait évoqué le Cardinal Wojtyla en novembre 1976 : « Nous sommes aujourd'hui face au plus grand combat que l'humanité ait jamais vu. Je ne pense pas que la communauté chrétienne l'ait compris totalement. Nous sommes aujourd'hui devant la lutte finale entre l'Église et l'Anti-Église, entre l'Évangile et l'Anti-Évangile ». (source revue Chrétien magazine n°238)

Sœur Lucie de Fatima a précisé cette lutte : La bataille finale entre le Seigneur et le règne de Satan portera sur la famille. N'ayez pas peur car tous ceux qui travailleront pour le caractère sacré du mariage et de la famille seront toujours combattus et haïs de toutes les manières parce que c'est le point décisif. Cependant, Notre Dame lui a déjà écrasé la tête. (source fr. aleteia.org/21/06/2015 )

Sur l'Espagne aussi le Ciel à ses desseins

Parallèlement aux troubles à l'intérieur de l'Église, un cardinal se trouverait isolé, emprisonné peut-être par ceux qui y auront pris le pouvoir.

En 1943, Lucie de Fatima écrit à l'évêque du Tuy : « Si les évêques d'Espagne écoutent les désirs de Notre Seigneur et commencent une véritable réforme du peuple et du clergé, tout ira bien. Sinon la Russie sera de nouveau l'ennemi, parce que Dieu va une fois de plus punir. »

Ce sera pendant les graves troubles ayant conduit le roi d'Espagne en exil.

Soucieux d'une Église en dialogue avec la société, Mgr Carlos Osoro Sierra, 71 ans, est volontiers surnommé le François espagnol . Sa nomination sur le siège de Madrid avait d'ailleurs clairement été perçue par les observateurs comme une volonté du pape François d'un changement d'orientation dans l'épiscopat espagnol. (source la-croix.fr 09/10/2016)

Après la publication par la Bibliothèque des auteurs chrétiens, maison d'édition espagnole, d' « Entretien sur l'espérance, dialogue avec le cardinal Müller » préparé par le Préfet de la Congrégation de la Doctrine de la foi en interprétation d'Amoris Laetitia. Son directeur avait prévu une conférence de présentation par le cardinal allemand Müller à l'Université San Damaso, université du diocèse créée pour faire pièce à l'université jésuite Comillas. L'archevêque de Madrid, Mgr Carlos Osoro Sierra en fit refuser l'organisation au motif qu'il ne voulait pas favoriser un livre contre le Pape. (source riposte- catholique.fr/08/05/2016)

A l'issue de l'angélus place Saint-Pierre le Pape François a annoncé un consistoire pour la création de 17 nouveaux cardinaux, dont Monseigneur Carlos Osoro Sierra, archevêque de Madrid. Le 20 novembre, le Pape concélébrera en la solennité du Christ Roi, la messe avec les nouveaux cardinaux et l'ensemble du collège cardinalice à la fin de l'Année de la Miséricorde, (source radiovaticana. va/ 09/10/2016) Il est âgé de 71 ans et il est né à Cataneda, province de Santander, le 15 mai 1945.

MJJ : Au pied de la montagne ...

Elle a dit du premier pape de la crise universelle : « Il faudra un homme fort comme une montagne.

Anne Catherine Emmerich : Le pasteur est sur un rocher !

MJJ : ... sur un rocher je vois comme une prison solitaire...

D'après Conchita, à cause de la persécution déjà endurée dans la guerre civile espagnole, où 13 évêques et plus de 7000 prêtres et religieux ont été mis à mort, l'Espagne souffrira moins que d'autres régions d'Europe. (source « Le doigt de dieu » d'Albrecht Weber)

Souffrira moins ne signifie pas ne souffrira pas. Par exemple un épisode dramatique se produirait à Garabandal. Selon des personnes gardant leur anonymat, les communistes iront à Garabandal durant la tribulation et certaines personnes dans le village seraient tués pour leur foi. Ils y resteraient quelques jours, une semaine tout au plus semble-t-il. (source whatisgarabandal. blogspot.com 30/03/2009) A la suite d'une vision les petites ont dit : «Est-ce cela Saint Sébastien ? Qu'il reste peu de maisons debout ! » J'ignore si cela a à voir avec l'agression à Garabandal, ou avec la grande neige d'avant le grand miracle.

MJJ : ... et, là, est enfermé un vieillard à cheveux blancs dont les traits sont resplendissants. Il porte une croix sur la poitrine.

Le cardinal de Madrid a les cheveux blancs et porte une croix sur la poitrine.

MJJ : Le bon Maître lui apparaît et lui dit : « Sèches tes larmes...

Si vous n'apprenez pas à pleurer vous ne serez pas de bons chrétiens, c'est un défi. Soyez courageux, n'ayez pas peur de pleurer ! N'oubliez pas cette leçon. » (source zenith.org 18/01/2015 paroles du pape François à Manille)

MJJ : ... tu as assez souffert, bientôt je te rendrai ta liberté et tes droits.

Il semble que ce soit après avoir été réintégré dans ses droits que le cardinal de Madrid demandera un signe à la Sainte Vierge confirmant ses apparitions à Garabandal et qu'il le recevra.

En 1965, selon Conchita : Sur le siège de Santander viendra un évêque qui n'y croira pas en arrivant. La vierge lui donnera un signe.

En 1962, il était interdit aux prêtres toute simple présence à Garabandal en temps que spectateurs, avec suspension des licences dans le diocèse de Santander, pour autant qu'ils assistent sans autorisation particulière expresse et au cas par cas de l'autorité diocésaine. Le chanoine Antonio Del Val Gallo à la cathédrale de Santander ne croyait pas aux apparitions, il revint comme évêque à Santander en 1971. En 1977 il leva l'interdiction aux prêtres de célébrer la messe sur les lieux des apparitions présumées.A l'automne 1986 il soumit de nouvelles recommandations au sujet de Garabandal à la sacrée Congrégation. En 1987 il émit 121 une directive autorisant les prêtres visiteurs à Garabandal à célébrer la messe dans l'église du village à condition qu'ils ne parlent pas des apparitions. La Vierge Marie a dit qu'avant le Miracle, l'Évêque qui est à Santander recevra un signe personnel pour donner la permission officielle aux prêtres de monter et à ce moment-là toutes les notes négatives seront enlevées. (source virgendegarabandal.com)

Même Mgr Del Val Gallo avait assorti sa tolérance de restrictions, plus ou moins reprises par ses successeurs, jusqu'à leur application très stricte par Mgr Monge.

Certaines restrictions ont été imposées en effet imposées par Mgr Monge, le nouvel évêque de Santander, qui y a été nommé par le pape François en mai 2015 : Interdiction de toute messe aux Pins ou à la chapelle St Michel Interdiction de parler des apparitions au village. Interdiction à tout prêtre de venir à Garabandal en tant que représentant de l'Église, sauf en privé Interdiction dans le village de toute manifestation religieuse en relation avec les Apparitions.(source whatisgarabandal.wordpress.com)

Quand ces restrictions seront levées les prêtres pourront se rendre sans restriction à Garabandal et elles le seront avant le grand miracle.

Le 21/10/2015, soit presque un an avant son élévation au cardinalat, une attaque, à peine voilée, fut lancée contre lui par Marga : L'antipape est parmi les futurs cardinaux papables. L'attaque contre l' Église partira de Madrid.

Marga ajouta: Le jour du début du règne de l'antéchrist sera également une journée du Christ Roi.

Les nouveaux cardinaux ont célébré leur première Messe en tant que cardinaux autour du pape François la journée du Christ Roi 2016. Le nouveau cardinal, Carlos Osoro Sierra, est papable depuis qu'il est cardinal, est-il appelé par le Seigneur a succéder au Pape François le moment venu ? Alors qu'il était administrateur apostolique du diocèse de Santander il a déclaré en mai 2007 à propos des apparitions de Garabandal : «Je respecte les apparitions et je connais des conversions authentiques... Je vous encourage à poursuivre cette dévotion à notre Mère.»

C'est pendant cet isolement qui ressemble à une assignation à résidence du cardinal de Madrid par les révolutionnaires espagnols, que les ennemis du pape François, devraient mettre à sa place un autre pape conforme à leurs vues spirituelles.

Les forces l'ont désigné comme Père avant même son élection, lors de sa rencontre avec Jésus appelé enfant du passé, lu entre les lignes : celui qui a fait son temps.

Pier Carpi : Nous avons des frères vivants, des frères morts... Bienvenue, Arthur, enfant du passé. Tu seras la preuve. Et tu rencontreras le Père de la Mère.

La France à la sortie de sa seconde crise

MJJ : Ils vont diviser le royaume en deux parties. Ces essais feront un grand mal au reste de mon peuple, essais sur le trône de France pour les malheureux qui ni proches, ni choisis pour devenir les sauveurs, essais qui feront un grand mal au reste de Mon peuple.

Bertrand Soubelet : "Tout ce qu'il ne faut pas dire" page 162. Le retour des français vers la vie politique interviendra lorsque l'action politique sera pratiquée de manière respectable, par des acteurs dont le comportement ne sera pas sujet à caution. Toute autre tentative sera inexorablement vouée à l'échec.

MJJ : Ceux qui sont nouvellement entrés (les armées d'occupation) vont résider au centre (Paris)

Cette moitié nord de la France sera soustraite à l'autorité monarchique testée sur la moitié sud. Il est possible que ce soit une des raisons qui feront que les armées étrangères n'entreront pas à Lyon : ménager sa population pour qu'elle y tolère le siège de ce roi.

MJJ : L'autre moitié sera donnée comme début de conquête à celui dont le nom sortira bientôt pour être proclamé roi des français.

Il s'agit d'un descendant de Philippe d'Orléans, qui était le fils du régicide Philippe-Égalité, qui accepta après la révolution des Trois glorieuses de se voir décerner par les deux Chambres le titre de roi des Français . (source herodote.net)

La France pourrait en gros être partagée entre nord et sud de la Loire, se serait cohérent avec les grandes zones de commandement militaire métropolitaines. Elles sont à peu près juxtaposable avec la division régionale. Le candidat de la France insoumise a réalisé ses meilleurs scores dans le Sud-Ouest, le pourtour méditerranéen, les anciennes régions Auvergne et Limousin. (source francetvinfo.fr 24/04/2017)

Jamais, dans notre histoire récente, le paysage politique n'est apparu aussi morcelé que depuis l'arrivée. Des vieux partis fracturés, désertés. Depuis les bancs de l'Assemblée nationale , les dix-sept députés de la France insoumise ont réussi leur pari d'incarner une opposition à En marche, aussi radicale que bruyante. Éclipsant totalement le Front national, la droite et le reste de la gauche. (source liberation.fr 26/08/2017)

Édith Royer : Un personnage tient une couronne pour la mettre. Beaucoup l'acclament, il n'est pas sympathique. L'image correspond au comte de Paris : Imposant le Monseigneur à l'interlocuteur, il pratique le ton pontifiant de certains officiers et la grandiloquence pratiquée dans des clubs mondains. (source liberation.fr 14/7/1999).

Ce règne devrait être plus ou moins parallèle aux premiers mois de ce pape qui perdra toute légitimité à la réapparition du pape François.

Marie Thé : Dans ces années de terreur, l'Esprit de Dieu se répandra au milieu des hommes et tout particulièrement au milieu des enfants. C'est par eux, que le Seigneur conduira l'Église à se sanctifier, dans ce pays, à se positionner pour Lui, envers et contre tout, dans l'opposition terrible qui se fera contre elle ; en premier lieu par cet homme qui s'est levé en France, en deuxième lieu par la nouvelle religion mondiale qui commencera à se mettre en place ouvertement.

Si la prophétie encore sous le voile est crédible , elle semble indiquer qu'Emmanuel Macron en exil jouera un rôle important dans les institutions européennes dans l'opposition qui se manifestera à l'Église catholique qui sera restée fidèle au pape François. La religion dans l'Union européenne est régie par le principe de laïcité. La possibilité d'exercer sa religion et ses croyances est l'une des libertés fondamentales inscrites dans la charte des droits fondamentaux de l'Union européenne à l'article . (source wikipedia)

Je ne pense pas que l'Union européenne charge un de ses fonctionnaires de mener une répression sanglante contre l'Église catholique restée fidèle au pape. Par contre, il est possible de museler les chrétiens sur des positions sociales comme en 2016.

Dans une lettre datée du 22 novembre cette année-là , l'archevêque de Marseille, reconnu pour sa pondération, critique une proposition de loi qui, à ses yeux, porte« une atteinte très grave aux principes de la démocratie, le texte, qui, relaie une initiative gouvernementale , vise à permettre la fermeture de sites Internet qui porteraient des allégations ou une présentation faussées pour en réalité dissuader des femmes enceintes de recourir à une IVG. Il s'inquiète pour des sites qui s'emploient à proposer aux femmes qui les consultent des alternatives à l'avortement. Le gouvernement leur reproche d'être avant tout des instruments visant à mettre ce droit en échec. Mgr Pontier, affirme que ces sites sont les seuls à prendre en charge la véritable détresse existentielle de certaines femmes enceintes hésitant à mener leur grossesse à terme et qu'ils constituent, à ce titre, un espace de liberté .(source lemonde.fr//29/11/2016) Après Cédric Herrou, Pierre-Alain Mannoni, c'est au tour d'une bénévole dans deux grandes associations nationales d'être attaquée pour délit de solidarité ... L'article L622-1 du code civil prévoit que toute personne qui aura, par aide directe ou indirecte, facilité ou tenté de faciliter l'entrée, la circulation ou le séjour irréguliers, d'un étranger en France sera punie d'un emprisonnement de cinq ans et d'une amende de 30000 euros. Avec des exceptions, notamment familiales, si l'aidant a un lien de parenté avec le sans-papier. (source 20minutes.fr 17/12/2017)

En France, avec la loi du deux janvier 1907, les églises et chapelles qui sont la propriété de l'État ou des collectivités sont environ au nombre de 40 300 contre moins de 2 000 édifices appartenant aux diocèses recensés en 2016 ! (source fr.aleteia.org/26/07/2017)

Dans ces conditions on peut penser que ceux qui seront restés fidèles à la tradition héritée du pape François présumé disparu, en cas de litiges auront toujours tort, peut-être même quand sa survie sera connue.

D'un point de vue canonique, le pape remplaçant François se retrouvera alors dans la situation d'Anaclet II qui régna de 1130 à 1138 implanté dans une élection non-canonique après que le vrai pape, Innocent II, eut été déjà choisi. Il gagna le contrôle de Rome et l'appui de la majorité du Collège des cardinaux. Anaclet avait l'appui de presque toute la population de Rome, jusqu'à ce que le vrai pape reprît le contrôle de la cité ( source vaticancatholique. com/pdf/ liste anti-papes) . Ici un conclave légitime par ignorance, deviendra illégitime de fait.

MJJ : Je reviendrai à La Salette (dit Marie) quand un roi mauvais sera placé peu de temps sur le trône de France, descendant de la branche d'Orléans.

Un des sens de mauvais est qui ne convient pas à l'usage attendu. ( source centre national de ressources textuelles et lexicales)

MJJ : Le descendant de Philippe (d'Orléans) ne survivra pas longtemps à sa conquête manquée. Après s'être fait présenter aux associés de l'Espagne, il sera jeté au fond d'un obscur cachot. Jamais n'aura existé un monde aussi cruel.

Iglesias de Podemos est lié à Mélenchon par une amitié personnelle. Il a soutenu Iglesias à de nombreuses reprises.(source courrierinternational.com/19/04/2017) La comparaison avec les prophéties sur l'Italie plaide pour la fin de son règne vers fin 2018, début 2019. Il semble impossible de préciser davantage.

## 2019

Ida : Je vois apparaître « 52 ». La Dame dit : « Il y a des choses importantes, graves qui vont survenir, de nature spirituelle, économique et matérielle ; des choses spirituelles, une action de sape spirituelle. »

On ne sait pas si celui qui perdra son droit au pontificat s'accrochera à sa fonction quand réapparaîtra le pape François, mais on sait qu'un courant catholique peut-être massif, refusera l'autorité du pape. Un échange de missive entre le pape, sorti de son refuge, mais sous protection d'une autorité publique en témoigne.

MJJ : Une assemblée de pères de l'Église formera ses conseils contre le Père de l'Univers. Il sera remis, aux mains du gouverneur dont dépend le Saint-Père, une pièce écrite exigeant que le Pape laisse une liberté plus grande à ceux sur qui il règne avec son autorité de Pontife, ils se considéreront libres de ne rien faire de plus que ce qu'ils font actuellement et c'est eux qui ferons tout.

On découvrira pourquoi plus loin on va s'intéresser à la région d'Arequipa au Pérou. J'ignore si gouverneur aurait été utilisé pour une femme ou seulement pour un homme . Javier Enrique Ísmodes Talavera, également catholique s'était retrouvé aux élections d'octobre 2014 face à Yamila Osorio élue gouverneur de la région d'Arequipa pour 2015/2018. Sur le site diplomatie. gouv.fr/dossiers-pays/perou/presentation-du-perou/ il est indiqué que les prochaines élections régionales y sont prévues en octobre 2018.

MJJ : Une douleur amère et déchirante attend le Pape, devant l'insoumission et la désobéissance qui répondront à l'appel de son cœur. Ce ne sera pas de vive voix qu'il aura fait cet appel, mais par écrit. En plusieurs coins du Centre (Paris), sur les murs des rues et au bord des grandes routes une affiche portera mention que de cette désunion et de cette séparation des apôtres de Dieu d'avec l'unité avec le Pape. Ensuite, le peuple sera invité à prêter concours et accord à l'autorité si coupable de ce temps ».

Elle proviendra du clergé qui aspire à la large liberté : du clergé de France, de ceux d'Italie, de Belgique et de bien d'autres nations selon Marie Julie Jahenny, en d'autres termes d'abord des nations chrétiennes d'Europe d'autant que la révolution n'aura pas encore éclaté à Rome.

Le pape Benoît XVI avait annoncé lundi 11 février 2013 sa démission avec effet du 28 février. J'ignore si le pape François pourrait le faire de manière différente imposée par la gravité des circonstances, c'est à dire avec effet de l'élection de son successeur.

En tous cas on sera arrivé vers fin mars, début avril, au temps du troisième secret de Fatima.

Revenons à la situation en France.

Dans les premiers mois cette année là, semble-t-il, la vacance laissée par l'emprisonnement du vieux roi, né en 1933, fera place au second essai monarchique.

La continuité de la dynastie s'est affermie les derniers jours de 2017 : François d'Orléans, fils aîné du comte de Paris, handicapé, ne pouvait pas être désigné comme héritier du trône de France. Il est décédé dans la soirée du 30 décembre. 2017. (source ledauphine.com/ 13/01/2018) Avec sa mort s'éteint une discorde sur l'ordre de succession à la couronne de France au sein de la maison des Orléans, son frère cadet Jean devenant le Dauphin. (source ouest-france.fr 03/01 2018)

MJJ: Le second et le troisième essais monarchiques viendront partout. C'est là que seront la violence et le mal.

Sa mise en place dans la lignée des lumières sur laquelle s'était fondé Emmanuel Macron lors de son élection, son projet européen et ses soutiens, devraient rassurer les autorités de Bruxelles. Selon wikipedia le projet politique de monarchie européenne, héritière de la Révolution française et des idées des Lumières, exposé dans le livre « Un prince français » où Jean de France, s'entretient avec Fabrice Madouas, aux éditions Pygmalion est largement soutenu par la nouvelle action royaliste et par la restauration nationale.

Mélanie Calvat: Avant la grande tourmente, nous aurons une dictature ; elle sera mauvaise. Elle voudra assermenter le clergé. Beaucoup accepteront et pactiseront. Le petit nombre par crainte, la majorité par négligence et ignorance. Un certain nombre sera brave et résistera.

J'ai trouvé cette interpellation inquiète faite à Louis de Bourbon au sujet de son passage à Aigues-Mortes le 25 avril 2014, postée par un nommé Jean de Waifahri sur un forum internet, le 26/08/2015, qui pourrait aussi bien être faite à François de France :

« Certes votre rôle est de rassembler et de réconcilier, mais certainement pas de collaborer avec une idéologie qui est illégitime, qui assassine les enfants de Votre Royaume par milliers. Vous risqueriez, alors, de devenir le chantre improductif d'un nouveau carnage et d'une alliance contre raison, qui ne produira divisions et évincement définitif. (source vexilla-galliae.fr/royaute/)

MJJ : Les desseins de ceux qui dirigent la France ont résolu d'enlever à l'ouvrier tout travail, tout emploi

Ceci pourrait annoncer une politique de transfert massif à l'étranger des entreprises pour les mettre à l'abri à l'abri d'un risque insurrectionnel encore craint en France, avec la tolérance ou la participation du pouvoir, faisant ainsi le lit de la future république totalitaire sanglante en France vers fin janvier 2021.

MJJ : Beaucoup de coureurs appellent les ouvriers à la révolte, à cause du manque de travail qui est leur pain de chaque jour. Les petites villes, comme les grandes, seront bientôt perdues par des groupes d'ouvriers qui n'ont ni asile ni refuge.

Le temps du troisième secret de Fatima

Mourir martyr pour sauver les âmes, est dans l'esprit du pape François :

Le père Molina responsable du Secrétariat pour la prévention de l'abus des drogues et du trafic de drogue de l'État argentin lui a dit : « Faites attention, on peut vous tuer. » Le pape a reconnu qu'il était menacé et répondu : « C'est la meilleure chose qui puisse m'arriver et à vous aussi.» (source : aleteia.org 14/11/2014) 02/2013)

Pier Carpi : Ton règne sera grand et bref, Père, il te mènera dans la terre lointaine où tu es né et où tu seras enseveli.

Le pape François étant né à Buenos Aires en Argentine la formulation laisse d'abord croire qu'il mourra en Argentine. En fait il est possible que cette notion de terre natale dépasse largement le territoire argentin.

Jésus à Axelle: « Parfois pour décrire des réalités spirituelles je forme des images matérielles. » Pour les images du troisième secret de Fatima il se pourrait que le processus soit inverse et son jour sera arrivé.

Les trois enfants de Fatima ont vu un évêque vêtu de blanc, avec le pressentiment que c'était le Saint Père.

Au soir de son élection le pape François s'est présenté ainsi au peuple de Rome : « Mes frères cardinaux ont été chercher l'évêque de Rome au bout du monde. »

Ils ont vu avec lui divers autres évêques, prêtres, religieux religieuses, hommes et femmes de classes et de catégories sociales différentes, monter sur une montagne escarpée au sommet de laquelle il y avait une grande croix en troncs bruts, comme s'ils étaient en chêne-liège avec leur écorce. Ils n'ont pas parlé de cardinaux dans cette montée.

Il y a deux croix du condor sur l'Altiplano au Pérou. Elles ne semblent pas grandes sauf si on considère que l'une parait un peu plus haute. De plus celle-ci est tout au sommet de la montagne même si la plus petite n'en est pas loin. Elles semblent toutes les deux en troncs bruts. La plus haute, bien que ce ne soit pas très net sur les photos, semble avoir encore de l'écorce. Il y a des chênes-liège dans la région.

Avant d'y arriver le Saint Père traversa une grande ville à moitié en ruine.

Il semble s'agir de Chivay la plus grande ville de son district . Avec ses 7 688 habitants (source annuaire-mairie.fr/ville-chivay septembre 2017) elle devait paraître comme une grande ville pour les enfants d'un petit hameau du Portugal en 1917. Chivay chef-lieu du district de Chivay est à 40 km du mirador aux condors.

Les ruines de la moitié de la ville pourraient être dues à un séisme analogue, sinon plus puissant, à celui qui frappa cette région mi août 2016.

Au moins neuf personnes sont mortes dans un séisme de magnitude 5,2 qui a frappé dans la nuit de dimanche 14 à lundi 15 août 2016 , l'épicentre était situé à dix kilomètres de Chivay.(source lemonde.fr/15/08/2016)

A demi tremblant, d'un pas de souffrance et de peine, il priait pour les âmes des cadavres sur son chemin.

Les morts pourraient être dus à un nouveau séisme ou à une guerre civile au retour du sentier lumineux. La traversée de Chivay encore à une quarantaine de kilomètres des croix du condor pourrait correspondre à une marche d'otages entraînés par une troupe de guérilleros, le sentier lumineux avait l'habitude de pratiquer de longues marches pouvant durer plusieurs jours à l'image de celles des khmers rouges.

A genoux au pied de la grande croix, il fut tué par un groupe de soldats tirant plusieurs coups, avec une arme à feu et des flèches, et, de la même manière moururent les uns après les autres ceux qui l'accompagnaient.

On trouve un exemple d'utilisation d'armes à feu et de flèches dans l'histoire passée du sentier lumineux : En août 1993, un groupe de 150 à 300 hommes, colons andins et indigènes Asha, ont attaqué huit communautés de la vallée de Tsiriari. Ce massacre a été l'un des plus féroces enregistrés pendant le conflit armé interne péruvien. Un survivant qui avait huit ans alors raconte: Les hommes armés, ni ivres ni drogués ont demandé une réunion de toute la communauté, les ont accusés d'être pilleurs avec l'armée, ont commencé à tuer, mutiler personnes âgées, femmes et enfants. Il y avait des Ashaninka à Cushma, avec des arcs et des flèches. Le chef avait un revolver à tambour. ( source idehpucp. Pucp . Edu . pe/ opinion)

Sous les bras de la croix il y avait deux anges, chacun avec un arrosoir de cristal à la main, dans lequel ils recueillaient le sang des martyrs et avec lequel ils irriguaient les âmes qui s'approchaient de Dieu.

La conclusion du secret rappelle des images de livres de piété au contenu rappelant d'anciennes intuitions de foi. (source chiesa.espresso.republica.it/10/05/2010/ commentaires du cardinal Ratzinger) On retrouve des peintures et des retables avec des anges recueillant le sang de Jésus en croix au moins dès le début du quatorzième siècle. La notion correspond à la revendication du peuple réclamant la mort de Jésus à Pilate devenue une source de miséricorde : « Que son sang retombe sur nous et sur nos enfants! »

Pier Carpi :  Il y aura un autre père avant que tu sois enseveli.

DB : Son successeur guidera l'église dans la tempête. Les pilotes réunis en conseil l'ont élu avec tant de diligence, que la nouvelle de la mort du pape défunt arrive en même temps que celle de l'élection de son successeur qui guidera l'église dans la tempête.

MJJ : Le premier lien de la foi ne verra pas la fin de la persécution. Son successeur ne la verra pas non plus.

Selon une antique tradition, des Messes sont dites pendant neuf jours consécutifs, appelés les novendiales, en suffrage du Pontife défunt à partir de la Messe des funérailles. Chaque cérémonie est d'accès libre mais réservée à l'un des groupes de fidèles liés tout particulièrement au Pape, ce qui symbolise en quelque sorte la variété de son ministère de Pasteur suprême et l'universalité de l'Église de Rome. (source lesalonbeige.fr le 7/4/2005) Cette tradition nous permet par un des indices sur le jour du grand miracle de connaître à peu près, non pas le jour de la mort, mais celui de la messe de funérailles du pape, et, cela semblerait à partir du 03 avril 2019.

DB : Un grand bouleversement arrive alors. Ceux qui avaient vaillamment combattu aux côtés du pape avancent vers les colonnes pour s'y attacher. Et les pilotes de beaucoup d'autres petits bateaux, demeurés prudemment à distance pour éviter le naufrage, voyant les débris de tous les navires adverses parmi les remous de la mer, guident leur propre embarcation vers les deux colonnes pour s'y amarrer eux aussi auprès du navire amiral. Sur la mer règne alors un grand calme.»

DB : Les adversaires perdent courage.

Le dragon se plaça devant la femme qui allait accoucher pour dévorer son enfant dès qu'il serait né.

Vue comme symbole, cette phrase de Saint Jean dans l'apocalypse montre les difficultés qui attendent le successeur du pape François menacé avant même son élection par le conclave.

Le jour du grand miracle

Il arrivera un jeudi et au même moment que la première apparition. ( source : « Garabandal Der Zeigefinger Gottes» Albrecht Weber éditions Wega année 2000) C'est à 20h30 qu'a eu lieu la première apparition de l'ange à Garabandal.

Conchita qui annoncera le miracle huit jours avant pour que les gens viennent a dit que pour une fois l'information passera. Elle a ajouté : Je crois que j'aurai besoin d'un autre miracle pour l'annoncer car c'est pour moi une lourde responsabilité de le faire. S'agirait-il de l'annonce inattendue de l'élection du nouveau pape, à peine connue la mort du pape François ?

Conchita : D'aussi loin que vous veniez et aussi difficile que se soit vous aurez largement le temps de venir. D'aussi loin et difficile que ce soit, vous arriverez à temps.»

Une autre source d'incompréhension possible est levée grâce à l'écrivain allemand ami de Conchita.

« La sainte Vierge m'a dit de te dire... que tu verras précisément le jour du miracle.» (traduit de l'allemand, témoignage d' Albrecht Weber, ami de Conchita sur une lettre qu'elle écrivit à Joey Lomangino)

Joey est décédé le 18 juin 2014. Ce n'est pas cet événement, qui semble en cause : sous l'angle concis d'Albrecht Weber il est possible que Joey n'a pas été averti qu'un jour il verrait le grand miracle mais qu'il en connaîtrait la date exacte. Ce qui suppose qu'il aura eu accès à des recherches en braille ou grâce à son entourage.

Les seules indications données comme incitation de recherche ne suffisent pas à connaître la date du grand miracle, ce sera cependant possible avec la bonté et la faveur du Père. (Garabandal Der Zeigefinger Gottes)

Il ne peut pas s'agir d'un martyr ajouté au calendrier entre 1968 et notre époque, car, au cours d'une conférence à Huesca en 1968 un propagandiste de Garabandal a confié : « La Vierge n'a pas dit a Conchita le nom du saint du jour du miracle, mais la date précise du miracle. Elle a localisé cette date sur le calendrier dans sa cuisine et découvert ainsi le nom du saint martyr lié à l'Eucharistie, et son nom est très rare. » (source virgendegarabandal.com.)

Conchita : Son nom n'est pas espagnol.

Le jeudi 11 avril on fête la Saint Stanislas. (source parabebes.com/revista/calendario-de-los-nombres-de-santos-de-abril) Stanislas est d'origine slave.

Conchita : Son nom est rarement porté en Espagne.

Le prénom Stanislas est devenu fréquent en France il n'en semble pas de même en Espagne. On lit sur le site todopapas.com (guide pour la grossesse, le bébé et l'enfant) que le prénom Stanislas (Estalisnao) est dans la position 5757 des prénoms les plus populaires en Espagne.

Conchita : Son martyr est en relation indirecte avec l'Eucharistie.

Évêque de Cracovie, fut martyr en 1079. «Sois et glorifie Dieu» s'exclama son père à sa naissance, d'où l'origine de son nom. A 36 ans, il est élu évêque de Cracovie... il n'hésite pas à rappeler à l'ordre le roi Boleslas dit le cruel, débauché sans vergogne. L'évêque l'excommunie et lui interdit l'entrée dans les églises tant qu'il ne se sera pas repenti. Cela lui vaudra le martyre. Le roi en personne l'égorge au pied de l'autel alors qu'il célébrait la messe. ( source nominis au 11 avril ) Il n'est pas mort parce qu'il célébrait la Messe, mais tué par le roi pendant une Messe qu'il célébrait.

Conchita : Sa fête a été déplacée.

Canonisé à Assise par Innocent IV en 1253. Il fut inscrit au calendrier par Clément VIII en 1595 avec fête le 7 mai. (source introibo.fr/07-05-St-Stanislas-eveque-et...)

Conchita : Le jour du miracle on pourra dire la messe en noir.

Il n'est pas permis au prêtre de célébrer la Messe sans les vêtements liturgiques. (source: vatican.va - redemptoris sacramentum)

Vision de Sainte Faustine le 26 novembre 1937: «Les saints mystères célébrés, sans vêtements liturgiques et dans des maisons privées, à cause d'un orage momentané. Le soleil sortait du Saint Sacrement. Les autres lumières s'éteignirent ou furent assombries et tout le monde avait les yeux tournés vers cette lumière-là.» Elle n'a pas compris sa signification.

C'est déjà arrivé sachant que le costume de clergyman est noir ou gris sombre : «Après les attaques des 16 et 17 janvier 2015 contre les églises au Niger, menées en protestation contre les caricatures de Mahomet de l'hebdomadaire Charlie Hebdo après l'attentat du 7 janvier, dans certains cas, les prêtres ont même dû célébrer la Messe sans vêtements liturgiques puisque ces derniers avaient été brûlés dans les attaques. » (source : fr.aleteia.org 3 février 2015)

        Par contre si on se trouvait dans les novendiales du pape François, les prêtres auront la possibilité de dire la Messe en noir.

Les ornements violets des messes pour les défunts, peuvent être remplacés par des vêtements liturgiques de couleur noir. (source holyart.fr/blog:accessoires-pour-la-liturgie/couleurs-liturgie-catholique)

Conchita : Il restera pour toujours un signe montrant que le miracle a eu lieu aux pins. Il pourra être vu, photographié,télévisé mais on ne pourra pas le palper. Il sera manifeste que ce n'est pas une chose de ce monde mais de Dieu. Bien qu'il puisse être comparé à une colonne de fumée ou à des rayons de lumière solaire il ne sera en fait aucune de ces choses.

        Quelques personnes ont vu une colonne de fumée le jour et de feu le soir parmi les pins à Garabandal le 18 novembre 1961, bien définie la nuit et très lumineuse. D'autres personnes affirment avoir vu également ce phénomène aux pins à d'autres moments. (source : garabandal- info.blogspot.fr août 2007)

Vassula : Alors qu'ailleurs, des efforts sont prodigués avec beaucoup de malveillance pour écourter les jours de Mes porte-parole, espérance de ce monde les bergers de la Russie se rassembleront. (13/12/1993) Une amie tenait de Conchita elle-même que le pape verra le grand miracle de partout où il sera et Conchita, sera en Russie, et il verra le grand miracle de là-bas. (source arabo-andalouses.overblog.com)

Ida: Les chrétiens du monde entier doivent se réunir. L'Église a le devoir et l'obligation de se tenir prête à affronter de grands dangers. Les chrétiens ont le devoir et l'obligation de se recueillir. Qu'ils considèrent donc la part qu'ils ont à assumer en ce monde ! Je mets Rome une fois encore en garde et je dis au Saint-Père : c'est toi le combattant en ce temps. Veille à ce que tes sujets aient de l'ouverture et de la largesse d'esprit dans leurs œuvres et leurs jugements. C'est seulement ainsi que ce monde peut être gagné à la foi.

MJJ : Mon serviteur sera entré dans une nouvelle alliance.

Vassula : Alors qu'ailleurs, les traités seront violés, et alors qu'ailleurs , la rébellion fera son chemin pour abolir le Sacrifice Perpétuel, les bergers de la Russie se rassembleront pour restaurer Ma Maison.

DB : Toi, dépêche-toi, si les difficultés ne se résolvent pas, tranche dans le vif. Si tu te sens angoissé , ne t'attarde pas mais au contraire , vas de l'avant, jusqu'à ce que soit coupée la tête de l'hydre de l'erreur.

Alors que les novendiales ne seront même pas achevées, le pape ira à Moscou et il y sera le 11 avril.

Conchita : Le grand miracle se produira le même jour qu'un événement singulier dans l'Église, rare, pas en conséquence du miracle mais en coïncidence avec.

Vassula : Quand passeront-ils un décret, par vote unanime, pour célébrer Pâques tous à la même date?

Le pape François a confirmé que l'Église était prête à évoquer de fixer une même date de Pâques afin que les croyants catholiques et orthodoxes fêtent la résurrection du Christ le même jour… Depuis Paul IV, l'Église était prête à établir une date fixe pour la fête de Pâques. (source : sputniknews. com 13/06/2015)

La date de Pâques a déjà changé trois fois dans l'Église catholique. Au deuxième siècle elle était proche de la Pâque juive, en 325 le concile de Nicée la fixa au dimanche qui suit la première pleine lune de printemps du calendrier julien et en 1582 le calendrier grégorien déplaça cette date de dix jours. De plus les grecs orthodoxes utilisent le calendrier julien pour leurs fêtes mobiles et les orthodoxes russes pour toutes leurs fêtes. Enfin la méthode de calcul fictive de la lune nécessaire pour anticiper la lune de printemps n'est pas la même dans les calendriers julien et grégorien.

Depuis Paul IV, l'Église était prête à établir une date fixe pour la fête de Pâques , fêtée au même jour à Rome, à Constantinople et à Moscou. (source : sputniknews.com 13/06/2015)

Ce 11 avril les Églises devraient abandonner un mode de calcul mobile de la date de Pâques au profit d'une date fixe, sera t-elle en vigueur dès 2019 ou l'année suivante. En ce projetant au 31 mai 2021 on se rendra compte que c'est le deuxième dimanche d'avril qui aura été arrêté pour célébrer Pâques.

DB : La grande Reine des Cieux s'approche. Le grand ministre verra l'épouse que son roi a revêtu de gloire. Partout dans le monde, le soleil est lumineux et brille comme jamais depuis les flammes de la pentecôte jusqu'à aujourd'hui et comme il ne le sera jamais jusqu'à la fin des temps.

Il n'a pas dit fin du monde mais fin des temps dont la dernière année sera sous un soleil brûlant.le père jésuite Luis Andreu qui a vu le grand miracle par anticipation a commenté : « Quelle faveur m'a fait la Sainte Vierge ! Quelle chance avons nous d'avoir une telle mère au Ciel ! » La Vierge de l'apocalypse de Saint jean est revêtue du soleil. Conchita a dit que le miracle de Garabandal sera plus grand que le miracle (solaire) de Fatima. Les flammes de Pentecôte: La Sainte Vierge était au milieu des apôtres.

DB : Soudain, apparaissent deux très hautes colonnes à peu de distance l'une de l'autre. Sur l'une domine une très belle statue de la Vierge Immaculée, un chapelet dans les mains, avec sous ses pieds l'inscription où sont gravés les mots latin « Auxiliatrice des chrétiens ». Sur l'autre beaucoup plus haute et importante, rayonne une lumineuse et blanche Hostie sous laquelle on peut lire l'inscription « Salut des croyants ».

Les symboles de Don Bosco sont stupéfiants si on traduit peu de distance par dans une même journée et les deux colonnes par le miracle marial à Garabandal et par le resserrement des liens des chrétiens autour de l'Eucharistie à travers des Pâques communes.

La révolution à Rome

MJJ: Cinq mois après que la paix sera rétablie en France Rome subira une révolution sans remède.

Cela devrait se produire vers la mi 2019, un peu avant ou un peu après, peu importe, tant il semble impossible que la paix soit rétablie tant qu'une autorité nationale ne concernera que la moitié sud de la France.

Sœur Rosa Colomba Asdentc : L'Italie sera le théâtre de graves événements.... Une guerre sanglante contre la religion y fera un grand nombre de martyrs. La fureur populaire aura pour un temps le dessus.

SEA : L'anéantissement et la séduction sont sortis des loges de ces sinistres brutes.

Il est possible qu'il ne s'agisse pas d'une révolution d'extrême gauche : Idéologie et méthodes secrètes de la franc-maçonnerie, ont toujours été un des fers de lance des tentatives de la bourgeoisie de détruire les organisations communistes de l'intérieur. (source : fr.internationalism.org le 16/10/2005 )

SEA : Une grande révolution se déroule à Rome ! Ils entrent au Vatican. Ils tiennent le Pape, le prennent avec force, le frappent à le faire tomber, le lient, lui donnent des coups de pied.

MJJ : Les peines, les tortures, le mépris, il recevra tout...jusqu'aux crachats. On ira jusqu'à le conduire à la pierre du premier Pontife. On lui dira, renie ta foi, laisse-nous la liberté. Mais sa foi sera ferme et constante. C'est Moi qui vous aurez donné ce Pontife.

SEA : Notre Dame s'approche. Ces hommes mauvais tombent à terre comme des cadavres ! Elle l'aide le à se relever en le prenant par le bras, le couvre avec son manteau et lui dit : Ne crains pas !

Anne Catherine Emmerich : Dans certains cas d'extrême détresse le pape a des visions et des apparitions.

Pie X : J'ai vu l'un de mes successeurs, du même nom, qui s'enfuyait par-dessus les corps de ses frères.

Aucun cardinal en âge d'être élu comme pape ne s'appelle Sarto. L'élu aura-t-il choisi de s'appeler Pie XIII ?

Pie X : Il ira quelque part. Après un bref répit il mourra d'une mort cruelle.

MJJ : L'Église aura son siège vacant de longs mois ... Il y aura deux antipapes successifs qui régneront tout ce temps-là sur le Saint-Siège.

DB : Conserve seulement près de toi deux conseillers et partout où tu iras, continue et termine l'œuvre qui t'a été confiée.

La vacance ne semble concerner que le siège matériel du pape au Vatican, dans la mesure où le vrai pape ne pourrait pas y rester. Où qu'il se trouve, continuera à diriger l'Église fidèle.

MJJ : Le roi d'alors, quand il aura tout mis en marche, et livré toute l'étendue de la terre qu'il gouverne, s'il peut voir un an s'écouler, moins une trentaine de jours, ce sera tout.

A qui peut-il livrer sa terre pour asseoir son pouvoir sinon aux djihadistes ? La Péninsule, épargnée pour l'instant par la fureur criminelle djihadiste, n'en est pourtant pas complètement à l'écart : pratiquement la piste italienne figure dans chaque enquête. (source : lesechos.fr/08/ 06/ 2017)

Pier Carpi : Le grand frère d'orient à la croix renversée fera trembler le monde.Le nouveau Père ira vers lui mais laissera la mère orpheline.

« L'étincelle a été allumée en Irak, et sa chaleur va s'intensifier – avec la permission d'Allah – jusqu'à ce qu'elle brûle les armées des croisés à Dabiq ». La citation de Zarqaoui jouxte la grande image d'un djihadiste abattant le crucifix d'un clocher, assortie d'un titre « Brise la croix». Dabiq bourg rural du nord de la Syrie, qui comptait 4000 habitants avant la guerre, est au cœur de la propagande de Daech, car c'est là qu'est supposée se tenir la grande bataille qui déclenchera la fin des temps. (source fr.aleteia.org 12/10/2016)

Zarqaoui devint le chef de Al-Qaida en Mésopotamie. En 2006, tué par des frappes aériennes américaines, son projet d'État islamiste lui survivra. La tête du mouvement sera reprise par l'islamiste Al-Baghdadi qui se désolidarisera complètement d'Al-Qaida et deviendra le chef de Datcha (source levif.be 05/08/2015)

Le djihadiste qui fait trembler le monde.

Le chef djihadiste irakien Abou Bakr Al-Baghdadi a déjà conquis un tiers de l'Irak. Son objectif ? Vaincre les chiites, créer un État islamique et remodeler les frontières du Moyen-Orient.(source tempsreel. nouvel obs.com 22/06/ 2014)


L'émir de l'État Islamique, Abou Bakr Al Baghdadi, dans un enregistrement audio présumé diffusé le jeudi 28 septembre 2017, a appelé ses combattants acculés de toutes parts en Syrie et en Irak à résister face à leurs ennemis. (source huffingtonpost.fr/28/9/2017)


Ce n'est pas cette rencontre qui fera du pape un martyr mais le chef révolutionnaire italien en place.


MJJ : Les pieds et les mains fixés à la large pierre du mur du Vatican et il y resterait fixé pendant cinq jours, rassasié d'insultes, les deux jambes coupées par les deux genoux, les deux bras coupés, non par la jointure du coude, mais par le milieu du bras près du poignet ; sa poitrine serait ouverte avec une férocité que les animaux n'ont pas dans leur rage la plus envenimée.


La roue consistait à attacher le supplicié sur une croix de Saint-André creusée d'encoches profondes de façon à ce que certaines parties des membres soient placées sur ces vides , le bourreau frappait alors, à ces endroits, pour briser les os briser les os à l'aide d'une barre de fer. Bras, avant- bras, tibias et fémurs étaient tour à tour fracassés. Pour finir il défonçait la cage thoracique. ( source : vivre -au – moyen-age . Over – blog.com/ article-13143542) L'agonie pouvait durer plusieurs jours. Il pourrait s'agir aussi d'une variante de crucifixion.

L'indignation soulevée par ce martyr et la décapitation des évêques éclaire « un an moins un mois et peut-être moins » le peuple lâchant les révolutionnaires.

MJJ: Peut-être que Dieu en retranchera davantage pour abréger son règne révolutionnaire.

Ce qui est dit de son successeur montre que les crimes en question auront déjà été réalisés.

MJJ : Il entrera en Italie vers la moitié de l'année qui touche à l'année terrible, mais qui ramènera la paix. Le calme ne se fera pas. Jusqu'à son dernier jour le déchirement ne fera que s'étendre. Il traversera la Perse et les autres royaumes et montera pour un an sur le malheureux siège de celui qui fera trancher la tête des apôtres et qui fera un martyr de celui qui soutient l'église et la foi.

MJJ : Ce ne sera pas de sitôt que ce royaume recevra un gouverneur. Il s'écoulera un peu de temps. La tempête se calmera un peu, toute l'étendue du royaume se croira au bout de la persécution.

### Regard autour du Proche Orient

La théorie d'un Antichrist venant d'Assyrie était enseignée depuis les premiers siècles : Victorin de Pettau (240-304) évêque chrétien identifie l'Antichrist comme l'Assyrien » dans Michée 5:5 qui porterait atteinte à la terre d'Israël , l'impie qui doit être détruit par Jésus à son retour. Arthur W. Rose (1886-1952) évangéliste et bibliste identifia l'Antichrist comme venant de la région du Moyen-Orient de l'ancien empire assyrien. G.H. Lang (1874-1958) commentateur bibliste a écrit que l'Antichrist sera le roi d'Assyrie qui était sous domination de Séleucus, partie orientale de l'empire d'Alexandre. » ( source islam-bible-prophecy. com/ apocalypse)

Ce n'est pas lui, le grand chef des combattants islamiques, qui s'emparera de Rome mais celui dont on a déjà parlé qui succédera au dictateur romain après un délai d'apaisement trompeur vers mi 2020.

Au moment de la révolution à Rome il semble qu'à un moment où à un autre il amorcera avec ses troupes leur descente vers le sud.

Ésaïe : Damas sera un monceau de ruines... les villes d'Aroër abandonnées.

Daech menaçait à l'automne 2015, l'armée syrienne libre et la résistance syrienne dans la région d'Alep. Derrière cet axe Damas-Homs, c'est aussi le Liban, menacé. » (source citant le ministre français de la défense : francetvinfo.fr 16/9/ 2015 ) Pourtant les ruines près de Damas début 2018 n'étaient pas le fait de Daech : La Ghouta orientale n'en finit pas d'être ravagée par des bombardements incessants. Le régime s'attaque à cette enclave rebelle, près de Damas, afin d'éliminer la rébellion. (source : rtl.fr/actu/05/03/2018)

La destruction de Damas aux millénaires d'existence est proche : « Je ne vois pas comment l'élimination d'Assad n'aboutirait pas à ouvrir les portes de Damas à Datcha aujourd'hui. » (source chevenement.fr 03/10/2015)

Ésaïe : Ils élèvent des tours, renversent et mettent en ruines les palais de Tyr.

Daniel : Le roi du nord déferlera sur le roi du midi. Il étendra la main sur les pays... Échapperont de ses mains Edom, Moab et les restes des fils d'Ammon.

Le territoire des édomites était au sud de la Jordanie.

Zacharie : Je rassemblerai toutes les nations pour qu'elles attaquent Jérusalem.

L'internationale djihadiste a tissé une toile sur le monde entier. (source Courrier International octobre 2015)

Ésaïe: La gloire de Jacob sera affaiblie.

Les combattants djihadistes vont arriver et ce temps est très proche. Nous nous rapprochons chaque jour. Vous ne trouverez jamais le confort en Palestine, vous les juifs. La Palestine sera un cimetière pour vous. (extrait d'une vidéo du chef de Daech/26/12/2015/ source :alyaexpress-news.com/)

Zacharie: La moitié de la ville ira en captivité, le reste du peuple ne sera pas exterminé de la ville.

Deux peuples y cohabitent , juifs et palestiniens.

Daniel : Le pays d'Égypte ne lui échappera pas. Les libyens et les kushites seront à ses pieds.

Le royaume de Kush trouve ses origines dans le couloir du Nil du Soudan actuel. (source matriarcat Soudan–matricien.org)

## 2020

Ida: La Dame dit « 53 » puis « Nous sommes à la veille de grandes décisions, à la veille de subir une lourde pression. L'ennemi du Seigneur Jésus-Christ a œuvré lentement mais sûrement. Il occupe ses positions. Son œuvre est presque terminée... 53, c'est l'année où il faut la faire connaître sous ce titre.

MJJ : A la tyrannie d'un gouverneur italien succédera un personnage appelé Archel de la torre. Après ce temps de repos, celui dont j'ai fait mention reviendra de la terre étrangère, appelé par ceux qui n'auront pas été détruits, tous ennemis de Dieu.

Le nom Archel est originaire d'Espagne : Cette famille lutta avec les Villareguts contre les Centellas, au début du XVe siècle, à Valence. L'intervention, presque miraculeuse de San Vicente Ferrer le 17/11/1407 mis fin aux affrontements. On la retrouve dans les troupes aux côtés des Autrichiens durant la guerre de succession d'Espagne.(source : heraldrysinstitute.com/cognomi/Archel/Spain) C'est dans la région de Valence qu'aura lieu une tentative d'invasion de l'Espagne initiée par ce personnage. En dépit de la coïncidence Arche de la torre ne doit pas être un nom de famille. Archel pourrait provenir du grec Archelaus, prince du peuple, convenant pour un personnage révolutionnaire, associé à la tour ( de la torre) une allusion à sa chute.

MJJ : Cette famille habite les derniers confins de la Perse en son bord le plus reculé au fond de cette terre.

Le centre national de ressources textuelles et grammaticales note que « aux confins de» peut indiquer la proximité d'un lieu. Dans ces conditions depuis Rome ou de la Fraudais, le bord le plus reculé aux confins de la Perse est le Baloutchistan.

MJJ : Le père est turquiste.

Lorsque l'organisation de l'État islamique proclame le califat en 2014, elle signe le retour d'une institution à l'histoire plus que millénaire. Ce rêve d'unité de la communauté musulmane est toujours présent ... il apparaît aujourd'hui comme un projet à l'enracinement historique. ( source lescahiersdel islam.fr/ Le-retour-du-califat_a1622.html)

MJJ : La voix dit qu'il y a deux fils. Celui qui est désigné pour Rome est âgé de seize ans, et l'autre compte deux ans de plus.

Il pourrait s'agir de l'âge de l'engagement d'une fratrie dans l'insurrection baloutche. 16 ans après en effet, celui désigné pour Rome y aura effectué sa mission mi 2018 avant d'être rappelé à leur secours par les révolutionnaires en débandade.

L'insurrection baloutche dès 2002, s'est employée en faveur de la Jamiat Ulema-e-Islam pachtoun. Le Baloutchistan est désormais un véritable tremplin pour les groupes armés taliban qui travaillent à la déstabilisation du régime de Kaboul. (source cairn.info/revue-outre-terre1-2010-1) Le Baloutchistan partagé entre l'Iran et l'Afghanistan chevauche la frontière orientale de l'Iran.

MJJ : Le roi, qui aura traversé les royaumes, pour répondre aux appels et réclamations de ses amis, ne régnera qu'un an.

MJJ : Le calme ne se fera pas. Jusqu'à son dernier jour, le déchirement ne fera que s'étendre.A Naples la persécution dépassera 19 mois.

DB : Rome sera punie par quatre fois : La troisième, ses défenses et défenseurs seront abattus : ce sera le règne de la terreur et de la désolation.

Parlant des candidats au djihad, l'ancien juge antiterroriste Marc Trévidic soulignait dans son livre « Terroristes, les 7 piliers de la déraison » (JC Lattès, 2013) leur passion pour les armes et la bagarre … Ce goût de l'aventure virile et guerrière, cette fascination pour ces armes qui procurent une ivresse de puissance à ceux qui les possèdent et qui s'en servent, l'impression de faire partie d'un petit noyau d'élus et de s'être choisi un destin exaltant, ce sont exactement les sentiments qui poussent les jeunes Napolitains à rejoindre les rangs de la Camorra. Il existe une convergence très vivace entre les filières islamistes et les organisations criminelles, dont tout le monde sait qu'elles coopèrent très étroitement. Il ne s'agit pas que de partenariats de business juteux. Il s'agit plus profondément, d'une véritable communauté de valeurs et d'affects. (source : lefigaro.fr/ vox/16/11/2015)

MJJ : ( La voix dit qu'il y a deux fils.) Celui qui prendra la Turquie au moment où elle sera dans la guerre européenne ne fera pas de longs jours.

Il s'agit d'une des phases de la guerre de deux ans et demi, provoquée par la Turquie s'en prenant à la Russie, évoquée lors d'un signe d'alerte le 19/01/2018.

MJJ : Il sera jeté à la mer, la tête à moitié tranchée.

Le 16/05/2015, le religieux libyen Mohammed Bouajila, membre de l'Association libyenne des Oulémas, explique qu'en principe, les décapitations et les mutilations corporelles sont interdites, mais qu'elles sont autorisées dans certaines circonstances surtout si elles servent à semer la terreur dans le cœur de l'ennemi. (source youtube.com/watch)

Cette année sera très humide en France

MJJ : Cette année mouillée qui nous introduira dans les événements sera suivie d'un hiver rigoureux, lui-même suivi d'une année de sécheresse. J'avertirai mes amis par des signes de la nature. C'est dans cette année, avant que les choses terribles n'arrivent, que se trouveront les deux jours d'affreuses ténèbres. Le firmament violet et rouge sera si bas que la touffe des arbres élevés sera comme perdue dedans. Les arbres en seront brûlés, et l'année d'après ne produiront aucun fruit car la sève sera comme brûlée et arrêtée. La pluie qui tombera du ciel bas aura une odeur infecte et, partout où elle tombera, ce sera comme de gros grêlons de feu. L'eau qui aura coulé sur la terre sera noire, et presque toute la terre portera cette tache également partout. »

Les plantes sont sensibles aux sécheresses, la plupart n'ayant pas de grandes réserves d'eau, elles perdent quasiment toute l'eau puisée dans le sol par transpiration au niveau des feuilles . Si cela dure, la plante risque l'embolie gazeuse qui interrompt la circulation de la sève. Un trop grand nombre de vaisseaux embolisés mène au dépérissement. (source inra.fr/Chercheurs-etudiants/Biologie-vegetale) Ici un processus beaucoup plus rapide, semble d'origine volcanique : ciel violet et rouge, cime des arbres dans un brouillard agressif, pluie infecte et luminescente, eau de ruissellement noire tâchant le sol.On peut s'en assurer avec le bilan des recherches sur les conséquences climatiques de l'éruption du volcan islandais Laki en Eure-et-Loir entre 1783 et 1788.(source archives28.fr)

L'éruption a eu lieu en 1783 suivie d'une dizaine d'autres entre le 8 juin et février 1784. L'Eure-et-Loir se situe à la limite occidentale du passage du nuage de cendres. Il est là dès le mois de juin en des points relativement éloignés les uns des autres dans le département. Il un brouillard sec jaune parfois, couvre la contrée sans déposer d'humidité et le soleil, tant au lever qu'au coucher, est rougeoyant voire violacé.

À Broué on ne vit à dix heures du soir du côté de Raville des longues bandes de lumière visibles plusieurs jours avec une clarté à la lueur de laquelle on était capable de lire. Le brouillard disparu vers mi août était si épais que à peine pouvait-on voir un homme à vingt pas »

Registre paroissial de Morvilliers : Le 3 août 1783, il est arrivé un orage comme on n'en avait pas vu dans ces contrées . Plus de 30 paroisses ont été écrasées par ce terrible ouragan. A Morvilliers, la grêle avait de un pouce à deux de diamètre, et à Moulicent, Lôme... jusqu'à trois à quatre pouces de diamètre et a brisé grosses branches des arbres, tuiles et jusqu'aux chevrons des maisons.

Registre paroissial de Douy 1783 : Le 19 juin, a paru un brouillard sec semblable à une fumée qui s'est épaissie de plus en plus, a recommencé le neuf juillet et a continué jusqu'aux environs de septembre.

Registre paroissial de Gelainville : Dès le mois de juin 1783 pendant deux mois des brouillards dont l'odeur était très fétide,ont nuit aux productions de la terre, les blés ont mal fleuri et peu grené. La vendange a aussi été médiocre.

Le 20 mai 1883 , le réveil du Krakatoa a aussi généré des ténèbres en plein jour. Le 11 août son activité gagne encore en intensité. Le 14 août, un bateau qui passe dans le détroit de la Sonde va naviguer dans l'obscurité pendant quatre heures, tellement les émissions de cendres sont épaisses. Des projections de cendres recouvrent tout dans un rayon de 160 kilomètres le 26 août et plongent la région dans une nuit totale. La température mondiale moyenne est abaissée l'année suivante de 0,25 °C. (Wikipédia) Ses cendres sont à l'origine de nuages si épais , que là où s'étendent les endroits sont plongés souvent dans une obscurité profonde. (source : Revue de Rouen et de Normandie volume 10)

A cause de courants éoliens éoliens les sables de Libye le 28 novembre 1930 ont été soulevés à une grande hauteur et une pluie sableuse s'est abattue vers Bagneux, dans le Nord-Ouest de la Bretagne, dans les comtés anglais de Suffolk et de Sussex et aux environs de Liège, sur le littoral de la Manche, et quelques points de la région parisienne. (source : ollainville.free.fr/climat)

Les volcans d'Auvergne ne sont pas éteints. Il est quasi-impossible de prévoir une éventuelle prochaine éruption. Ça peut être dans trois mois comme dans 5000 ans. En 2016, un gigantesque réservoir de magma liquide, encore chaud, est découvert à quelques kilomètres sous la chaîne des Puys. À plusieurs kilomètres sous terre, le magma met beaucoup de temps à se refroidir, et c'est normal,analyse un volcanologue. (source oust-france.fr 22/09/2017) Dans la fouille archéologique de Brézet, faubourg de Montferrand, on a daté à − 80 avant JC des cendres d'une retombée basaltique, issue d'un cratère non localisé de la chaîne des puys. A l'emplacement de la piscine municipale de Clermont-Ferrand, un sable volcanique a été daté de 1050 ± 120 ans (après J.-C.).Il s'agit peut-être de chutes de cendres issues d'un des cratèrcs de la chaîne des Puys sous le règne du roi capétien Henri Ier. Certains écrits régionaux de l'époque parlent d'« incendies, de tremblements de terre, de flammes ensevelissant sous une montagne de cendres des montagnes ».

Il existe surtout une vision de Marie Martel le 6 juin 1902, sachant que près d'un mois avant, le 8 mai *1902*, la ville de Saint-Pierre de la Martinique avait été rayée de la carte du monde à la suite de l'éruption de la montagne Pelée.

En France, deux volcans vont sauter, des montagnes s'écrouler et des vaisseaux anglais vont s'enfoncer. Les malheurs qui sont venus ne sont rien auprès de tout ce qui va arriver. Hors France, beaucoup de tremblements de terre, des volcans aussi vont sauter, des montagnes s'écrouler.(source mariejuliejahenny.fr/prophéties-de-tilly-sur-seulles)

MJJ : Ces deux jours vous préviendront de la descente de Dieu par Sa Colère sur la terre. Il y aura un envoi de Dieu sous la forme d'un éclair brûlant, qui obscurcirait l'œil humain. Beaucoup d'arbres fruitiers ne fleuriront pas, ne boutonneront même pas, les feuilles ne pousseront pas. Ils resteront dépouillés comme sous la rigueur de l'hiver. Les feuilles de la vigne ne paraîtront pas, ni bouton, elle sera sèche comme en plein hiver.

La sève, comme brûlée des arbres, les bourgeons de l'année suivante se formant au printemps, explique qu'ils ne donneront pas de fruits l'année d'après. Les autres signes de la nature en cette année là, semblent après la catastrophe.

MJJ : Les foins resteront en herbe pas plus longue que le doigt ou la main jusqu'au poignet. Le seigle ne lèvera pas. Son grain pourrira en terre ou sera dévoré par un reptile noir pas plus long que le doigt ou que la main jusqu'au poignet. Les champs bas et humides de froment seront atteints par le reptile de la grosseur du doigt le plus petit de la main. Il est fort long, avec une espèce d'aile jaune, rouge devant et derrière.

Les reptiles herbivores peuvent être nourris avec des mélanges de graines à germer qui contiennent des végétaux sélectionnés pour leur qualité nutritionnelle. (source :.reptiligne.fr/)

MJJ : Tous les choux pourriront.

Un champignon , la hernie du chou, les fait pourrir et surtout dans les terres gorgées d'eau.

MJJ : Les pommes de terre ne vont pas lever: elles sécheront dans le fumier qui les enveloppe.

Les Fusarium, à l'origine de ces atteintes, disséminés par les eaux de ruissellement, sont favorisés par la forte concentration d'engrais. Du temps de Marie Julie, l'engrais, c'était le fumier.

MJJ : Le froment poussera encore dans les terres sèches. Il y aura une abondante récolte d'orge, mais qui sera trop petite pour l'homme et les animaux.

## Le troisième pape de la crise universelle

Anne Marie Taïgi : Après les ténèbres Saint Pierre et Saint Paul après être descendu du ciel prêcheront dans le monde entier et désigneront un nouveau pape.
Il reste encore des voiles. Après les ténèbres ne veut pas forcément dire après leur fin mais après leur arrivée en Italie avec Archel de la torre. De plus la Saint Pierre et Saint Paul est le 29 juin

MJJ : Le troisième lien de la foi régnera longtemps mais il sera difficile à trouver au milieu de tant de décombres.

## Une histoire étrange dans la Somme

MJJ : En la terre d'Amiens, la Mère de Dieu est sur le point de se fixer un nouveau séjour, pour y venir avec l'Enfant Jésus dans ses bras maternels, et prévenir le peuple, mélangé comme partout.

Un pèlerinage à Notre-Dame de Brebières à Albert (Somme) remonte à la fin du onzième et le début du douzième siècle , à partir de la découverte par un berger d'une statue de la Vierge Marie enfouie dans une prairie. L'extase de Marie-Julie Jahenny est du 16 novembre 1882, or la basilique actuelle fut édifiée entre 1885 et 1895 pour remplacer l'église trop petite.

MJJ: Jésus a, dans sa main droite, un trait et, dans l'autre, une forme de coquille largement ouverte qui indique à tous les justes, la barque du salut au milieu des luttes promises.

La statue de Brébières n'a pas ces caractéristiques. La coquille marquait autrefois les routes de Compostelle dont au moins une passait par la Somme. Il se pourrait que ce soient des symboles invitant à se rendre en Espagne pour constater la réalité du signe permanent près de Santander.

MJJ : A trois reprises différentes, en l'intervalle de douze à seize jours et au-dehors de cette ville immense près d'un petit coteau très étroit que le feu du ciel a plusieurs foi ébranlé, paraîtra la forme d'un petit soleil deux fois large comme le cœur de la main. Ce petit soleil fera le tour de cette montagne bien étroite et très basse.

Albert est la troisième ville la plus peuplée de la Somme.

MJJ : Hors de la ville, à une distance assez longue, il y a un petit hameau retiré et bas, bien simple au regard des passants. Le petit soleil passera sur ce toit, après en avoir fait trois fois le tour, par temps sombre, vers quatre heures et dix minutes du soir. Il laissera la forme d'un jet de sa flamme très mince et très étroit. Il passera sur le toit ; puis ce jet disparaîtra comme s'il n'eût jamais été.

Il pourrait s'agir de symboles indiquant une émission de télévision suscitant la réaction d'un habitant de ce lieu.

MJJ : Couché dans un berceau, un enfant de douze mois, d'une beauté semblable à celle d'un ange... A lui est réservé dans sa petitesse innocente, un acte grand et sublime.

Voir en rêve un berceau avec un bébé : On sera mis dans une situation gênante par quelqu'un que l'on ne pourra pas faire taire. (signification des rêves.com)

MJJ : L'enfant, attiré par l'éclat du petit soleil, sera porté au lieu indiqué, sur les bras de sa mère. Une voix d'homme, la plus forte, la plus éloquente et la plus instruite de la terre, ne pourrait jamais arriver au développement frappant de la voix de cet enfant.

Sera-ce un homme mûr porté par sa piété mariale ?

MJJ : La voix retentissant de cet ange mortel annoncera, par permission divine, les terribles malheurs qui attendent la Patrie.

Selon une autre version ou une autre extase, cette voix portera à des lieux de distance : logique si l'homme s'est rendu sur un enregistrement de télévision.

MJJ : Il l'annoncera très peu de temps avant que ces projets ne s'éveillent.

La notion de projet sera mise en avant pour ce qui se produira le 25 janvier 2021 à Paris.

MJJ : La flamme dit : Cet enfant parlera environ 27 minutes avec, dans la voix, des sanglots qui feront s'émouvoir jusqu'aux brins d'herbe. Cette annonce, terrible pour la France, sera universelle.

Une prophétie dont j'ai oublié la source dit : « La révolution finira comme elle a commencé. On verra à la fin les mêmes choses qu'au début, mais tout ira beaucoup plus vite. Il se sera passé plus ou moins deux ans entre le clash du 24 mai 2016 et la phase initiale de la phase française de la révolution universelle. Cette phase finale devrait être beaucoup plus rapprochée de cette annonce.

MJJ : Comme bien d'autres en France, le clergé de ce lieu refusera de croire aux ordres du ciel. L'autorité sera punie : des coupables tremperont leurs mains dans le sang de ces hommes qui auront refusé de se rendre à la voix du ciel.Amiens sera terriblement punie : des rassemblements de mauvais chrétiens y feront de grands désordres par le feu et les armes mortelles.

Cité d'environ 10000 habitants, Amiens a terriblement souffert des destructions des emplois industriels, des restructurations et des transferts d'usines hors de France qui porteront à la révolution.

## De 2021 à la paix

MJJ : Année terrible mais qui ramènera la paix.

Marie des terreaux : L'année qui précédera celle du grand événement sera très mauvaise. L'année au contraire où il aura lieu offrira une récolte magnifique.

MJJ : Je comprends le tout en trois mois. La liberté du mal sera complète. Le jour où l'on fête le second grand apôtre, le projet des ennemis de l'Église serait de se faire élever, ce jour là, un grand bruit de ces voix qui sortent des instruments qui parlent : des sortes de musiques accompagnées du chant le plus ignoble.

Révélation transmise à l'Abbé Curicque : Il me semblait voir au milieu de cette cohue un grand trône ; je vis les brigands (personnes qui se livrent au vol, au pillage à main armée) renverser ce trône... Alors, le tout était à son comble ; le monde entier me semblait être une ruine et un désordre... Il me semblait, mon Père, que cette grande crise ne durait pas longtemps.»

MJJ : Tout à coup, au milieu de Paris, il y aura des voix, des chants odieux, des cris confus et le pauvre peuple sera sans avoir le temps d'échapper.

La Carmagnole a été la chanson la plus populaire de la Révolution Française. Elle date de 1792, au moment où l'Assemblée vote la convocation de la Convention et l'emprisonnement du roi. Mais depuis, elle a reparu à toutes les périodes révolutionnaires du dix-neuvième siècle, en 1830 et 1871, avec de nouveaux couplets à chaque fois. (source drapeaurouge.free.fr) Quelques années avant l'extase de 1880, ces paroles initiales : « Que faut-il au républicain ? Vivre et mourir sans calotins. Le christ à l'écurie,la vierge à la voirie, et le saint père au diable !»s'étaient ajoutées celles sur la Commune de Paris : « Vive la Commune de Paris, Ses barricades et ses fusils. La Commune battue, ne s'avoue pas vaincue. Elle aura sa revanche.»

MJJ : C'est ce jour qu'auront adopté les ennemis pour marcher sur l'Église car Saint Pierre et Saint Paul en sont vénérés comme les défenseurs.

Le 25 janvier est la fête de la conversion du pharisien Saül de Tarse, persécuteur des chrétiens. Jésus, en personne se révéla à lui dans sa gloire. Il est devenu l'apôtre Saint Paul, une des deux colonnes de l'Église fêté avec Saint Pierre le 29 juin.

Prophétie rapportée à l'abbé Curicque : Je vis une multitude de prêtres enchaînés les uns aux autres, et une grande quantité de couvents brûlés, pillés et de religieuses outragées.J'ai cru comprendre que la plus grande partie des victimes étaient des méchants et que le bon Dieu avait soin des siens et les protégeait pour son Église...

La violence de la réaction anticatholique visant surtout les prêtres et les couvents séparés du pape doit trouver son fondement dans leur collaboration avec la dictature monarchique détrônée.

Mélanie Calvat : La révolution éclatant, les premiers massacrés seront les prêtres assermentés ; les prêtres fidèles qui périront aussi seront des martyrs.

Un autre 25 janvier, celui de 2017, l'idée de changer de république par la voie des urnes avait vu triompher son partisan. Las! Dans l'histoire de France, les changements de régime ont toujours été brutaux: révolutions, guerre, putsch, paralysie des institutions... (source slate.fr/story le 30/10/ 2014)

Il faut remonter 171 ans en arrière pour trouver le dernier roi régnant renversé en 1848, Louis Philippe Ier.

MJJ : Les rues seront fermées , les passages seront bouchés, il y aura un massacre douloureux ... deux jours, orage du ciel et de la terre, les éclats du tonnerre viendront avant leur époque.

En climat tempéré les orages sont essentiellement durant la saison chaude qui va de fin avril à fin octobre (source passion-meteo.com)

Prophétie rapportée à l'Abbé Curicque : ... Alors le tout était à son comble; le monde entier me semblait être une ruine et un désordre... Les prêtres. J'en vis un grand nombre qui se mettaient de la partie quand ils se virent pris, espérant se sauver; mais leurs espérances furent confondues et ils périrent misérablement. (source livres-mystiques.com/) A cette époque là le pape sera prisonnier au Vatican.

MJJ : On campera, nuit et jour, autour de sa prison, on fera tomber une grêle de balles, feu et sang se feront entendre tour à tour. Il sera enfermé au Vatican.

## La sixième république française

Abbé Souffrant : La République sera proclamée mais elle durera peu. MJJ : Dans tout le royaume, dans ces fêtes infâmes, la paix et la foi ne seront plus qu'un trouble. Terrible orage. Ils trancheront la tête aux uns avec les armes de la mort et feront mourir les chrétiens avec des balles.c'est pendant cette période troublée, que seront promulguées des lois infâmes, visant, entre autres, à établir une mainmise du pouvoir sur la religion, asservissant le clergé au pouvoir révolutionnaire, persécutant toute opposition, coupant tout lien hiérarchique avec Rome. Des révolutionnaires instaureront la mise en place d'un pouvoir totalitaire avec son régime de justice expéditive des opposants, de surveillance, de dénonciations.

Il semble que Rome en pleine dictature sauvegardera une apparence de justice, qui sera contrée en France.

MJJ : Si le Martyr prisonnier fait appel par la voix de ses amis et défenseurs, il sera défendu, sous peine de mort, qu'aucun de ce royaume ne vole à son appel.A mesure qu'elle s'étendra en France la persécution recevra beaucoup d'aide de la part des puissances qui l'environnent de tous ceux qui ressemblent à ceux qui en France livrent tout sans pitié au feu et au sang.

Père Nectou : L'Angleterre, à son tour, éprouvera une révolution plus terrible que la révolution française

MJJ : Ici, une loi va emporter la victoire, étendue à toute la terre de ce royaume. Il y aura, en beaucoup de lieux , des révoltes considérables de la part des populations, contre le passage de cette loi de l'enfer. » Dès que la France entière sera sous cette loi, il ne faudra qu'une semaine avant la guerre à l'Église et au peuple. Personne ne pourra s'y soustraire, ou bien la mort au fond des prisons.

On pourrait s'étonner qu'une loi mette du temps pour être étendue à toute la France si on oublie que, bien que sous un gouvernement central depuis le second essai monarchique, elle reste séparée en deux zones.

MJJ : Beaucoup de monde périra en ces massacres, aux mois froids, la terre deviendra un déluge de sang ... mes temples incendiés, surtout à Paris, dans le midi, et ce grand lieu, duquel Dieu se tient près, aujourd'hui, et dont le nom représente la force.

On reconnaît Belfort, où la basilique Saint Christophe a été terminée avec sa tour sud, cinq ans avant la naissance de Marie Julie. La citadelle et le lion symbole de force en sont à cinq minutes à pied.

MJJ : Pendant 44 jours, la cruauté sera à son comble. Ensuite les demeures du Seigneur resteront désertes, ouvertes, portes brisées... La vengeance de l'enfer fera monter aux autels les plus infâmes de tous les hommes ... Tout sera contre la Foi et contre les lois saintes dans leurs cérémonies. La loi obligera les parents à laisser pervertir leurs enfants... Ces sacrilèges dureront 44 jours... Beaucoup de chrétiens subiront le martyre.

Abbé Souffrant : Vous entendrez alors plusieurs cris; les trois qui domineront seront : Vive la République, vive Napoléon le dernier de tous sera :Vive le Grand Monarque que Dieu nous garde.

MJJ : C'est vers la fin de cette dernière période qu'on amènera celui qui n'a guère d'espérance... » qui n'est guère agréable ni consolant.

Sera-ce suite aux excès des républicains? Je l'ignore, mais un Napoléon se verra porter au pouvoir.

Le prince Napoléon, chef de la maison impériale depuis vingt ans, n'a qu'un seul credo : le mérite. À 30 ans, il sait ce qu'il veut. Il martèle ces mots : "acquérir mon mérite, mes compétences, ma crédibilité." Pour prendre à l'avenir des responsabilités publiques ou politiques? Chaque chose en son temps. Il se concentre, pour l'heure, sur son parcours dans le monde des affaires. (source pointdevue.fr/24/04.2017)

MJJ : J'ai déjà voulu donner à la France un roi qu'elle a refusé. Je lui en donnerai un autre qu'elle acceptera.

Il s'agit du comte de Chambord qui n'a jamais régné.

MJJ : Au moment où la rage des impies s'arrêtera, une grande maladie presque subitement, laissera les victimes respirant encore, sans pouvoir parler, la chair à vif, comme après une profonde brûlure ... mal très contagieux ... Les cadavres auront répandu une odeur infecte qui donne la mort. Ce mal s'attaquera d'abord au cœur, puis à l'esprit et en même temps à la langue. La chaleur qui l'accompagnera sera un feu dévorant, si fort, que les parties atteintes du corps en seront d'une rougeur insupportable. En sept jours, il lèvera partout rapidement... Cette maladie sera très grave en Bretagne. Le mal produira un écœurement continuel ainsi que des vomissements.

Archel de la torre sort des brumes.

MJJ: La mère est sortie d'Allemagne.Pour étudier les mécanismes de la haute pathogénicité du virus Ebola, l'institut für Virologie, Philipps-Universität, Robert-Koch-Strasse 17, 35037 Marburg , en Allemagne a créé un mutant... significativement plus cytotoxique que le virus de type sauvage ... (source nebi.ncbi.nlm.gov/pubed/11239157/01/02/2001)

Il serait très difficile pour un groupe armé de développer de grandes quantités de virus Ebola et de le transformer en une arme biologique qui pourrait être dispersée sur un vaste territoire , infectant et tuant de nombreuses personnes. Une autre possibilité serait une sorte d'attaque-suicide, kamikazes infectés naturellement ou volontaires qui s'infecteraient à des fins terroristes. Le phénomène épidémique qui en résulterait serait rapidement circonscrit dans les pays développés dotés d'un maillage sanitaire étroit. (source slate.fr story 92085/ebola-arme-biologique_ guerre/ 13/ 09/2014) Un laboratoire aux USA a montré qu'en éprouvette, l'extrait de «Garcinia kola» inhibait très efficacement Ebola ... dans la plante, essentiellement des biflavonoïdes peut-être associées à d'autres substances dans la plante elle-même. (source archives.lesoir.be/)

Marie Julie Jahenny : Un soleil de feu nous introduira dans une série de fléaux, entre autres de terribles maladies et des mortalités subites.»

Les flavonoïdes de l'aubépine semblent jouer un rôle clé dans les effets cardiovasculaires de la plante qui contient aussi des proanthocyanidines qui sont des composés flavonoïdes selon www..espritsante.com)

MJJ: Vous connaissez les feuilles des épines qui poussent dans presque toutes les haies (l'aubépine) Elles pourront arrêter les progrès de cette maladie. Ramassez les feuilles, pas le bois, elles garderont leur efficacité mêmes sèches

Incursion en Espagne

MJJ : Poussés par leur prince et gouverneur, les romains marcheront sur l'"Espagne avec une puissante armée...

Les régions italiennes disposent d'un pouvoir législatif sans représentation au niveau central, hormis la conférence des gouverneurs. L'État garde un rôle d'arbitre. (source : rives.revues.org/590-2006)

MJJ : Les gouverneurs de la terre romaine voudront, à tout prix, ôter à l'Espagne la pointe tournée vers leur terre.

Cette invasion venue par mer , de gouverneurs italiens dépendant de Daech , est renforcée si elle s'appuie sur les deux bâtiments de guerre Mistral pris à l'Égypte.

Le Bâtiment de Projection et de Commandement Mistral a éveillé l'intérêt des spécialistes militaires d'outre- Atlantique. Il peut embarquer 650 soldats, 90 véhicules et 16 hélicoptères. (source: opex360.com 07/02/2012)

MJJ : Ils attaqueront la région de Valence.

Au 13ème siècle nul ne prêtait main forte à l'Andalousie dans le reste du monde musulman. Ses roitelets démissionnèrent de la responsabilité historique sur la contrée musulmane qu'il leur incombait de préserver.

La Reconquista espagnole avait déjà enlevé aux Musulmans une bonne partie de la péninsule ibérique. L'été 1233, les forces du roi d'Aragon commencèrent à marcher sur le nord du royaume valencien. Le 9 octobre 1238, le roi entra à Valence, qui cessa depuis d'être une ville musulmane, après l'avoir été pendant cinq siècles. (source : islamophile.org/spip/La-chute-de-Valence.) La côte entre Alicante et Valence est en pointe face à l'Italie.

Le 23/8/2017 , suite à l'attentat de Barcelone le groupe terroriste revendique la reprise de "Al Andalus", qui désigne le territoire sud de l'Espagne un temps occupé par des populations musulmanes. (source huffington post.fr/27/8/2017) Al Andalus désignerait une région d'Espagne de l'Andalousie à la Catalogne.

MJJ : Ce prince, soutenu par d'autres de la terre romaine, se sentira fort, et sera animé de violence contre la terre d'Espagne qui refusera de s'entendre avec eux.

S'il descendait de la famille qu'on a vu autrefois dans cette ville, on suppose qu'il a compté sur ses liens ancestraux pour être accueilli sans résistance.

MJJ : A la moitié de ces mois terribles le roi sauveur apparaîtra, qui reconstruira les temples incendiés, sous la violence d'une grande guerre civile, bien qu'elle ne sera pas longue. Je ne peux, dit Jésus, nommer autrement que guerre civile cette guerre à laquelle la France sera livrée. C'est dans cette troisième crise que viendra le salut, ce n'est pas la France qui l'appellera.

Il faut voir du côté de l'Espagne pour comprendre cette énigme au milieu des trois mois environ de la dernière révolution en France, vers la mi mars.


L'Espagne en danger


MJJ : Sur l'Espagne aussi le Ciel a ses desseins. C'est le roi de ce royaume avant deux ans écoulés qui ne craindra pas d'appeler hautement le frère de la vraie couronne royale dont les deux drapeaux et les espoirs sont semblables.


Avant deux ans écoulés semble à décompter de la fin de l'exil du roi d'Espagne évoqué dans les premiers mois de 2019.


Le principe d'autre couronne se réfère à la loi salique, revendication carliste. Le chef de sa branche aînée Charles Xavier de Bourbon-Parme, né à Nimègue aux Pays-Bas, lors d'une déclaration publique , donnée à Paris le 8 novembre 2011 , assume formellement la succession carliste au trône d'Espagne. Son frère, Jaime, avait été nommé ambassadeur des Pays-Bas au Vatican en juillet 2014. Vu l'invasion sanglante du Vatican entraînant la fuite du pape de Rome vers mi 2018 il est probable qu'il n'y a plus d'ambassadeurs au Vatican, ou qu'ils ont été remplacés.

La notion de vraie couronne repose sur le fait qu'une branche carliste cadette, avec Sixte Henri de Bourbon Parme, oncle de Charles Xavier et de Jaime revendique la couronne d'Espagne.

Il est possible que ce membre du corps diplomatique des Pays-Bas, ambassadeur au Vatican en 2016, se soit vu muté dans un poste lointain et secondaire pour complaire aux maîtres nouveaux du Vatican quand le pape François avait disparu.. Lorsqu'on découvrira le destin qui l'attend, ça conforterait la prophétie de Marie-Julie Jahenny qui le voyait en exil. Rien n'empêche que son pays l'eut rappelé avant sa mission d'Espagne. Jaime fut conseiller politique en Afghanistan, de la mission de paix hollandaise dont la sécurité fut principalement assurée par les troupes allemandes. (source: bruxelles2.eu/8 janvier 2011).

Il pourrait recevoir une mission similaire, la Brigade aéromobile néerlandaise l'intégration au sein de l'unité conjointe, de plus de 13000 hommes, de la brigade aéromobile néerlandaise et d'une unité de réaction rapide allemande annoncée en 2013, l'état-major étant basé en Allemagne , puis complétée par l'annonce de l'intégration de la 43e Brigade mécanisée néerlandaise au sein de la 1ère Panzerdivision allemande. Le Panzer bataillon 414 qui restera à Bergen-Hohne, sera intégré à cette 43e Brigade mécanisée. L'objectif est que cette division germano-néerlandaise fusse opérationnelle en 2019. (source opex360.com le 18/09/2015)

L'hypothèse la plus crédible serait que le roi d'Espagne aura demandé l'application de l'article 42-7 du traité de

Lisbonne : « . Au cas où un État membre serait l'objet d'une agression armée sur son territoire, les autres États membres lui doivent aide et assistance par tous les moyens en leur pouvoir, conformément à l'article 51 de la charte des Nations unies. »

MJJ : Il traversera l'est semblant sortir du fond du nord. Je le conduirai jusqu'au midi.

La brigade de Bergen-Hohne, se situe au nord-est par rapport à la France. L'Espagne se situe de l'autre côté des Pyrénées, au midi par rapport à la France. Le milieu de la dernière crise révolutionnaire en France place son apparition vers la mi mars et l'appel que lui fait le roi d'Espagne se situerait plutôt début avril (deux ans à peine après le grand miracle).

MJJ : Les agresseurs de l'Espagne seront refoulés après 40 jours. Les deux rois uniront leurs forces pour aller au secours du pape qui sera alors en grand danger.

Le corps expéditionnaire néerlando-allemand serait donc complété par des forces armées espagnoles.

MJJ : J'ai voulu donner à la France un roi qu'elle a refusé... la France aura une crise et une tempête violente... Après je vous donnerai un second roi.

En loi salique, Jaime n'est que l'héritier présomptif au trône de France.

Même si son frère aîné était alors en vie et en capacité de régner, rien ne dit que Dieu appliquera cette loi pour donner un roi à la France.

MJJ : Pour ramener le roi choisi et destiné par Dieu, il faut que tous ceux qui sont à présent soient balayés. Celui que l'exil réserve c'est lui qui marchera sur la Ville éternelle avec les braves combattants qui l'auront assisté.

Dans une lettre à un député mandaté par l'Assemblée nationale en vue d'établir une constitution, le comte de Chambord écrivait : « On me demande aujourd'hui le sacrifice de mon honneur... je ne puis consentir à inaugurer un règne réparateur et fort par un acte de faiblesse. Il est de mode, vous le savez, d'opposer à la fermeté d'Henri V l'habileté d'Henri IV. Je voudrais bien savoir quelle leçon se fût attirée l'imprudent assez osé pour lui persuader de renier l'étendard d'Arques et d'Ivry. »

Devant l'échec d'un retour espéré de la royauté, une loi du 20 novembre 1873 prorogea les fonctions du maréchal Mac Mahon pour une période de 7 ans, avec l'espoir non dissimulé que, le comte de Chambord venant à s'éteindre dans l'intervalle et n'ayant pas de descendance, le prétendant orléaniste pût assurer la restauration de la royauté. Mais lorsque Henri d'Artois disparut le 24 août 1883, le régime républicain était solidement implanté. (source france-pittoresque.com)

Crise en Allemagne et aux Pays Bas

MJJ : Priez pour l'Allemagne de jour en jour plus coupable et pour le peuple qui borde ces contrées. Bientôt ce sera terrible et le sang y coulera pendant six mois et dix jours.

Ida : La Dame dit : « Regarde où j'ai posé l'un de mes pieds. C'est sur l'Allemagne et l'autre, sur les Pays-Bas. Et puis je dis : pauvre peuple d'Allemagne. Est-ce que la leçon ne t'a pas suffi ? Je vois maintenant les Pays-Bas. Tout en faisant aller et venir le doigt en signe d'avertissement, la Dame dit : « Et maintenant, je m'adresse à ton propre pays et je dis : Hollande, fais attention ! Ton peuple aussi, Hollande, fait fausse route.

C'est une fracture dans l'histoire allemande de l'après-guerre. Le nouveau Bundestag a fait sa rentrée mardi avec dans ses rangs 92 députés du parti d'extrême droite anti-immigration, troisième force politique de cette assemblée. Le parti a d'emblée promis une nouvelle ère et entend mener la vie dure à la chancelière Angela Merkel sur la question de l'immigration et de l'euro. (source leparisien.fr/ le 24/10/2017) Aux Pays-Bas le politicien d'extrême-droite du parti pour la liberté et le dirigeant du parti de droite flamand avaient organisé samedi 20/01/2018 à Rotterdam une manifestation de protestation contre la politique du Premier ministre néerlandais et de son cabinet. (source capital.fr/) Un autre peuple borde ces contrées, l'Autriche ou le nouveau gouvernement avait prêté serment lundi 18/12/2017 à Vienne, signant l'arrivée au pouvoir d'une coalition formée par la droite et l'extrême droite. Plus de 2000 personnes ont manifesté pour dénoncer cette investiture. (source lefigaro.fr/)

On suppose que l'armée russe qui maîtrisera ces deux épisodes sanglants passera par l'Autriche pour arriver au Rhin.

Le pape en danger

L'urgence est d'aller à Rome. Les forces armées utilisées seront unies sous la direction de Jaime. Le roi Felipe V devrait rester en Espagne qui sort d'un grave traumatisme.

MJJ : La tête du troisième pape serait placée au bout d'une barrière de fer et plantée à la porte de la grande Basilique de Saint Pierre et insultée.

Anne Marie Taïgi : Un jour le pape se trouvera enfermé au Vatican comprimé comme dans un cercle de fer, toute espérance humaine sera perdue. On attentera fortement à sa vie et s'il n'est pas martyr de la main des barbares, c'est que Dieu fera pour lui un éclatant miracle.

La tête prise dans un anneau de fer, exposé sur un carcan fait penser au carcan de la place du marché de

Korbac en Allemagne. Une plate forme cernée d'une grille de fer reposant sur un gros pilier central et en son centre une colonne à laquelle le collier est relié par une chaîne, à la foule romaine en furie face à l'approche des forces venues d'Espagne.

MJJ : Sans un miracle, rien ne pourra se faire. Son corps sera jeté à la rivière qui passe un peu au dessus du Vatican.

La Rivière Anienne rejoint le Tibre à environ six kilomètres au nord du Vatican..

MJJ : Le pape sera retrouvé sain et sauf au pied d'une pierre du fleuve situé à droite en marchant vers le midi de cette terre au dessus du Vatican ... je l'aime et c'est de la France que sa vie dépend. Le roi apprendra du pape : qu'il est appelé de Dieu, que la Sainte Église a besoin de son aide.

Le parallèle avec Moïse qui délivrera son peuple après que la fille de pharaon l'aura sauvé des eaux du Nil et celui qui sauvera le pape est presque incroyable. L'épisode devrait se passer un peu avant le 31 mai 2021, lundi de Pentecôte et fête de Marie mère de l'église, à la suite de quoi les troupes de Jaime quitteront Rome et l'Italie en proie aux déchirements entre factions révolutionnaires.

Ida reçu ce message le 31 mai 1954 « En cette date, la Corédemptrice, Médiatrice et Avocate recevra son titre officiel ... trois notions en un seul geste... Nous sommes à présent dans une la basilique Saint-Pierre. J'y vois beaucoup de cardinaux et d'évêques... Le Saint-Père, deux doigts levés, fait une déclaration... . Tout à coup, la Dame réapparaît sur le globe, sourit et dit : Ce jour sera le couronnement de sa Mère, la Dame de tous les Peuples, qui fut un jour Marie.

DB : Rome sera punie par quatre fois : La quatrième fois, par la guerre, la peste et la faim ; elle se remplira de décombres.

Le sauvetage sera fait parmi les combats entre troupes du roi et celles des révolutionnaires et entre les clans révolutionnaires. C'est probablement à cette époque que s'achèvera le règne d'Archel de la torre. MJJ : Son successeur s'échappera à Naples pour se mettre à la fureur des poursuites. De juillet au 24 novembre, une lutte, sans roi ni chef, se soulèvera en un petit nombre qui s'en voudront les uns aux autres jusqu'à la mort. Ce sera en mai l'année suivante qu'un roi chrétien sera placé sur la terre d'Italie. C'est le 2 mai qu'il sera sacré, sous les décombres de l'Église en ruine.

Portrait du roi destiné à la France

MJJ : Il ne faut compter ni sur les d'Orléans, ni sur les Naundorff, pas même sur les prétendants des bourbons.

Les bourbons des Pays Bas ne prétendent pas au trône de France.

Abbé Souffrant : Le grand Monarque est issu d'un rameau coupé de la branche aînée des Bourbons .

La coupure est survenue le 5 novembre 1712, quand le roi d'Espagne Felipe V, petit fils de Louis XIV, a été confirmé dans ses droits à la couronne de France en étant contraint à y renoncer pour lui et ses descendants réalisant autant la coupure d'un rameau qu'un exil de fait du royaume de France : « ... Pour la plus grande stabilité de l'acte d'abdication de tous les droits et titres qui m'appartiennent...à la succession de la couronne de France ... Je les rejette et y renonce ... J'observerai, je maintiendrai, et j'accomplirai le présent écrit et acte de renonciation, tant pour moi que pour mes successeurs, héritiers et descendants... » (source : Traités publics de la royale maison de Savoie avec les puissances étrangères ... Tome V Par Solaro Della Margarita.)

Personne investie par la coutume d'une fonction, le roi en est le titulaire viager : C'est la coutume qui détermine les conditions de transmission de la couronne, pas le roi. Selon les lois fondamentales du royaume , un descendant légitime ne peut pas refuser par avance la couronne. Le roi ne peut pas par son testament restreindre les prérogatives de son successeur. (source : toutdroit.free.fr / le statut de la royauté). Non seulement la renonciation du petit fils de Louis XIV pour lui et pour ses descendants est sans valeur, mais l'argument qui la sous tendait n'existe plus, la couronne d'Espagne étant détenue par la descendance d'Isabelle.

MJJ : ô Roi de l'exil ... je te rendrai à tes sujets et à ton peuple ... Roi, enfant du miracle, ne t'apprêtes-tu pas à venir de l'exil sous une épaisse poussière remuée par les fureurs des meurtriers de ton pays. Tu t'apprêtes à venir sur le bord de cette terre qui te fut étrangère. Du nord des frontières ta noble personne passera à travers les légions qui n'attendront que toi pour lever une vengeance. Mais, comme au jour des ténèbres, leurs yeux se voileront, l'exil s'éteindra et Ma justice s'accomplira. Tu passeras pour aller reprendre le sceptre de gloire. Tu en tremperas la pointe dans le sang des Romains, pour la défense du Souverain Pontife, le lien de tous les fidèles.

Enfant du miracle : S'agit-il d'un élément encore sous le voile ou d'une allusion à sa naissance prématurée de six semaines en 1972 où il est resté avec sa sœur jumelle dans un incubateur à l'hôpital ?

Roi de l'exil : Il pourrait s'agir de la renonciation au trône de France imposée au petit fils de Louis XIV et à ses descendants.

Il existe cependant des prophéties qui parlent de l'exil du grand monarque dans sa jeunesse.

Dans sa jeunesse Jaime de Bourbon Parme qui a étudié à l'université Brown dans l'État de Rhode Island aux USA.

On utilise « exil» pour les étudiants à l'étranger.

Étudiants voulant faire l'expérience des séjours à l'étranger... Petit guide des meilleurs pays d'accueil en fonction de votre profil d'exilé. (source dossier (source slate.fr/story/58101/franco-pakistanaises le 20 juin 2012)

MJJ : Jésus était assis sur un trône resplendissant... La France gravit les marches du trône, la Vierge priait, souriait et pleurait! Son Divin Fils s'écrie : « A vous ma Mère désormais, à Vous seule, de commander et de fixer l'heure de la Victoire de Votre Fille bien-aimée ! ... A la droite du Trône était agenouillé le Pape. Jésus ... le fait monter à ses côtés et lui dit : « Tu as assez souffert, il est temps que tu sois consolé et que tes ennemis disparaissent... A gauche, du Trône était le Roi. Il monte à son tour, mais un peu moins haut que le Pape... Saint Michel semblait attendre fièrement l'heure de la lutte contre le mal.

L'épopée du roi

Abbé Souffrant : Le grand Monarque arrivera par le Midi de la France.

Selon une prophétie dont je n'ai plus la source, il viendra par Marseille. Par les Alpes ou par Marseille, on arrive du midi quand on vient d'Italie.

La perception que le peuple russe avait de Vladimir Poutine était, en quelque sorte, analogue à celle d'un tsar. Un succès important fut toujours attribué au Président et à lui seul. (source: lodel. irevues. inist.fr cahiers de psychologie politique numéro 13) Officiellement remplacé par empereur en 1721, le titre de tsar demeura dans l'usage courant en Russie. (source : larousse.fr/dictionnaires/ français/)

Un prince : «L'histoire écrite de la Russie commence Novgorod en 862, quand les habitants du lieu, soucieux de maintenir l'ordre sur leurs terres le transmirent à un groupe de scandinaves, les Rus, dont le chef sera le premier prince de Novgorod. Ils finirent par donner leur nom au peuple entier qu'ils dominaient, se déplacèrent vers l'est et vers le sud, en créant de nouvelles principautés. ( source : clio.fr/ .../ la_principaute _de_ novgorod_)

Du nord : Le district fédéral du Nord-Ouest constitue le nord de la Russie européenne. Saint-Pétersbourg, son centre administratif s'est faite l'ascension de Vladimir Poutine quand le maire de la ville lui proposa de devenir son chef de cabinet. Souvent en visite à l'étranger, il lui déléguait ses pouvoirs. Le jeune adjoint du maire devint donc très vite le gestionnaire clef de la ville. (source : lexpress.fr/ 29/02/2012)

Qui se convertira: « Vladimir Poutine était membre du KGB de l'Union Soviétique en 1980 qui pourchassait, tuait, martyrisait et humiliait des chrétiens. » (source : reinformation.tv/poutine-defenseur-chretiens)

En l'an 2001 le moine Tikhon Shevkunov disait de Vladimir Poutine qu'il est vraiment Chrétien Orthodoxe, pas simplement de nom mais qui réalise parfaitement sa responsabilité devant Dieu pour la charge qui lui a été confiée ainsi que pour son âme immortelle. (source : breizatao.com 11/08/2014)


Vladimir Poutine refuse de suivre l'exemple de l'Occident, qui rejette ses racines dont les valeurs chrétienne, à la base de sa civilisation. Pour lui cela revient à nier toutes bases morales et toute identité traditionnelle. (source egliserusse.eu/ blogdiscussion/ 29/09/2013)


MJJ : Le grand monarque devra affronter les forces de l'occupant du trône qui marcheront à sa rencontre pour le terrasser dès son entrée.


Abbé Souffrant : Les généraux français marchant pour le combattre déposeront les armes dès que le grand Monarque leur sera présenté.


MJJ : Il devra affronter les forces du pouvoir de la zone Nord et les forces de l'occupant du trône. D'où des combats sur le Rhin.


On s'aperçoit que si depuis le second roi, l'autorité monarchique s'est exercée sur tout le territoire national, il a dû composé avec le maintien de l'occupation militaire de la moitié nord. Ceci reste encore énigmatique, car si l'Allemagne est alors en proie à des troubles sanglants cela voudrait dire que son gouvernement garde encore un peu de pouvoir.

MJJ : L'armée des justes et d'autres braves, sortiront de Bretagne pour se rendre jusqu'au Rhin où le Sauveur de la terre doit arriver avec sa propre armée.

Abbé Souffrant : Il sera amené par le Pontife Saint et par l'empereur de Russie, un prince du Nord qui se convertira. C'est surtout par le Souverain Pontife que cet empereur sera déterminé le reconnaître. Les bons républicains, plus frappés que les autres, se montreront plus empressés de se soumettre à lui que les royalistes.

MJJ : Dès que le signe de Dieu sera commencé, ne vous étonnez pas ; disposez-vous à en voir fuir dans les abris, en toutes les parties de la France et non d'un seul côté.

Le signe qu'elle va décrire avec des détails minutieux pour cet instant est manifestement une aurore boréale.

MJJ : L'armée des justes, des soldats de la Croix, mêlée à d'autres braves, traversera presque toute le France. Un vendredi il y aura un signe blanc, à l'ouest de la France, environné d'un rideau de franges diamantées, énorme, l'espace de trois quarts d'heure. Les rues seront aussi claires que dans le jour ordinaire. Au bout d'une demi-heure, une barre rouge se formera, vers l'ouest, en forme de branches ; et des gouttes de sang s'en échapperont. Cette barre rouge cernera la blancheur du signe et en envahira l'éclat de sa lumière, de l'ouest, ce signe remontera un peu ; puis la barre rouge se dissipera, un samedi, entre cinq et six heures.

Conchita: La Vierge nous a dit que l'Avertissement et le Miracle seront les derniers avertissements ou manifestations publiques spectaculaires que Dieu nous donnera.

Ils ont eu lieu, l'un en 2018, l'autre en 2019. Comment donc croire que l'aurore boréale postérieure à eux est le dernier signe? La réponse est dans la qualification de signes spectaculaires figurant dans les carnets du Père Combe. Selon le centre national de ressources textuelles et lexicales, l'adjectif spectaculaire en parlant un événement, a le sens de qui frappe la vue, l'imagination par son caractère remarquable, les émotions, les réflexions suscitées. Aussi belle soit-elle une aurore boréale est parfaitement expliquée par la science alors qu'elle ne pourra pas expliquer l'avertissement et le miracle.

Marie Julie esquisse comme un mouvement en V inversé, une branche partant du sud, l'autre de l'ouest, vers le Rhin.

Abbé Souffrant : L'empereur de Russie viendra, à la tête d'une grande armée, jusqu'au Rhin. La Russie viendra abreuver ses chevaux dans le Rhin, mais ils ne le passeront pas.

L'épisode pourrait être vécu au cours de l'automne 2021. La Russie sera engagée sur plusieurs fronts.

Pier Carpi : A l'Orient la tombe du premier empereur sera découverte et des gens marcheront vers les terres esclaves pour les libérer. Sur le fleuve beaucoup mourront. (Il écrit qu'il s'agit d'une marche du peuple chinois et qu'il présume que le fleuve est l'Oussouri)

Enterré profondément sous une colline au centre de la Chine se trouve la tombe de Qin Shi Huang.né en 259 avant J-C, fils d'un des rois des six royaumes indépendants qui étaient en guerre depuis 200 ans, il réussit la conquête des autres royaumes et s'est proclamé Empereur de la Chine unifiée.Les scientifiques n'ont pas actuellement la capacité d'excaver correctement le tombeau. Lors de la première phase d'excavation dans les années 70, les soldats en argile trouvés, au contact de l'air perdaient instantanément leurs pigments. Aujourd'hui, ils ont mis en place une méthode pour qu'ils conservent leurs couleurs. Si les progrès de la science permettent d'assurer que les trésors ne seront pas endommagés, alors l'ouverture du tombeau pourrait avoir lieu. (source ohmymag.com publié par Maxime Lambert, le 10/11/ 2016) Ce front pourrait être actif à l'époque.

Côté turc, on devrait être dans une nouvelle phase de la guerre de deux ans et demi entre la Turquie et la Russie vue par Saint Passios, la précédente ayant vu la Turquie prise, parallèlement à la prise de Rome vers la mi 2020 par le frère du conquérant. Je suppose qu'à ce moment là, la Russie sera satisfaite d'être soulagée du front ouest d'autant qu'elle va engager un front sud à la frontière italienne. Le roi de France de son côté sera libre de voler au secours de l'Angleterre dont la révolution selon le Père Nectou durera assez longtemps pour que la France ait le temps de se rasseoir.

Père Nectou : Ce sera la France qui aidera l'Angleterre au rétablissement de la paix.

Sœur Asdente avait vu les armées Russes et prussiennes envahir l'Italie et les premiers, jusqu'à loger leurs chevaux dans la nouvelle église du couvent.

Le monastère de Sainte Catherine de Sienne de Taggia, entre Gênes et Vintimillle est à notre époque un lieu touristique pratiquant l'hébergement. Je ne sais pas si le culte monastique y est conservé actuellement. Il ne faut pas oublier qu'entre temps deux révolutions antichrétiennes auront passé en Italie depuis mi 2019.

Pie X : Ne le dites à personne tant que je vivrai, je vois les russes à Gênes.

MJJ : Le roi viendra jusqu'au trône avant la fin des combats.

Françoise : Quand tu entends dire qu'un roi sera donné à ton pays, ne comprends pas cela humainement : ce n'est pas un roi selon la raison humaine... (Message de Marie à Françoise le 05/01/2000)

Jésus donne depuis 1995 de nombreux messages à Françoise, une mère de famille, qui parcours la France pour témoigner. Il faut se référer à l'évangile selon comprendre Saint Mathieu au chapitre 10 pour comprendre : « Vous le savez : Ceux qu'on regarde comme chefs des nations païennes commandent en maîtres ; les grands leur font sentir leur pouvoir. Parmi vous, il ne doit pas en être ainsi.»

En fait, si les trois essais des rois précédents ont échoué, c'est parce qu'ils n'étaient pas portés par l'unité de la nation.

Il ne faut pas chercher ailleurs le fait que selon le marquis de la Franquerie, Marie-Julie Jahenny n'a jamais cessé de lui dire que ce roi descendait de Louis XVII, mais d'un Louis XVII dont la trace a été perdue : Marquer de façon symbolique la continuité historique des grands rois qui ont fait la France, depuis le baptême de Clovis jusqu'à l'assassinat de Louis XVI.

S'il s'appelle Jaime, c'est sous le nom d'Henri V que Marie Julie n'a pas arrêté de voir qu'il sera roi de France, neutralisant l'occasion manquée du comte de Chambord qui aurait régné sous le nom d'Henri V. Un peu d'histoire est nécessaire pour comprendre. Le baptême de Clovis en 498- 499, constitue l'acte fondateur de l'onction royale dans la cathédrale de Reims. Il faut attendre le sacre de Louis le Pieux en 816... pour que la cathédrale de Reims soit retenue en référence au baptême de Clovis. (source : cathedrale-reims.culture.fr/) Son vrai nom est Chlodowech, et les historiens classiques le déformèrent en Clovis. Le prénom a suivi l'évolution de la langue en Chlodowichus puis Lodovicus, Ludovicus, Lodoïs, puis Loïs et enfin Louis. Ce n'est pas la première fois qu'un roi n'est pas connu sous son nom. Mais il y a eu une autre fois davantage qu'une question linguistique.

L'an 813 à Aix-la-Chapelle, Louis reçut le diadème des mains de son père et tint à recevoir du pape la couronne impériale, et son sacre eut lieu dans la cathédrale de Reims le 5/10/816. Il revenait là où Clovis avait jeté les bases d'une royauté chrétienne comme il l'écrivait à l'archevêque Ebbon : « C'est dans cette église que ... c'est là que ce noble roi fut jugé par la clémence divine digne de l'onction royale. » Louis était un nouveau Clovis et son nom avait été choisi pour marquer la continuité de la succession royale malgré le changement de dynastie (source : academiedentaire.fr/... Demouy.pdf) Si le roi Jaime est sacré sous le nom d'Henri V se sera pour marquer très fortement la continuité de la dynastie pour assurer la plus légitime réconciliation nationale possible.

MJJ: Ce n'est pas un pasteur de Paris qui couronnera le roi. Il sera jeune, 45 ans pas sonnés , il viendra du diocèse d'Aix.

C'est celui d'Aix la Chapelle en Allemagne.

Il y a deux versions sur le lieu du couronnement, l'une à Reims, l'autre à Paris.

Elles sont conciliables si le roi a été établi à la tête de l'Europe à Reims, et à celle de la France à Paris, ou l'inverse.

MJJ : En sa présence, celui qui avait été réellement désigné descendra honteux du trône, et surtout à la confusion de ceux qui l'y auront placé.

Abbé Souffrant : Il n'y aura plus pour ainsi dire que deux empires en Europe, l'empire d'Orient et l'empire d'Occident. De concert avec l'empereur de Russie, le grand monarque mettra fin à la confusion, à l'usurpation et à l'injustice dans toute l'Europe.

MJJ : Tout au long de ces rudes combats, il sera aidé et guidé par le Ciel. Cette reconquête devrait durer environ 7 mois.

Au Levant les russes vont en finir avec les excès de Daech L'Europe du roi de France y participera aussi d'après une jeune libanaise carmélite à Pau.

Maryam de Bethléem : Ce qui réjouit mon cœur, c'est que la Syrie appartiendra à la France.

« Allah dans le Coran ne nous a demandé de combattre les juifs qu'une fois que nous nous serions débarrassés des renégats et des hypocrites » a précisé Daech dans un communiqué. (source : metatv.org 11 juillet 2014)

Le retour à la paix s'affirmera avec le repli vengeur du chef de guerre du moyen orient.

Daniel : Des rumeurs viendront le troubler de l'Orient et du Nord ; il s'en ira en grande fureur exterminer une multitude. Il dressera les tentes de ses quartiers entre la mer et les monts de splendeur. Il s'en ira jusqu'à son terme, pour lui aucun secours

Les trois jours de ténèbres

MJJ : La troisième époque, celle du grand coup, celle du retour à l'ordre, ne sera pas sans souffrances. Le grand châtiment rattrapera les ennemis dans leur retraite. » 2021 aura ramené la paix en contraignant les ennemis à la retraite. La froide nuit d'hiver dont il va être question, devrait être avant la fin de l'hiver 2021/2022. Au début de l'année, après la fin du pouvoir de leur chef sur les plaines littorales de Palestine, dans d'autres endroits du monde non précisés, ses partisans pourchassés de partout, seront en débandade.

MJJ : Le grand châtiment rattrapera les ennemis dans leur retraite.

Marie des terreaux : Il m'a été annoncé qu'il y aurait un événement effrayant, que ceux qui n'en auraient pas été prévenus croiraient toucher à leur dernière heure et penseront être à la fin du monde. Mais tout à coup, la révolution finira par un grand miracle qui fera l'étonnement de l'univers. Le peu de méchants qui restera, se convertira. Les choses qui doivent arriver sont une image de celles de la fin du monde ; elles seront si terribles qu'il y aura de quoi sécher de frayeur.

MJJ : « Le genre humain devra reconnaître qu'au-dessus de lui se trouve une volonté qui fera tomber, comme une maison de cartes, les plans audacieux de son ambition... il y aura un terrible roulement de tonnerre par une froide nuit d'hiver.

En France métropolitaine, les températures les plus basses surviennent habituellement en janvier ou février sur l'ensemble du pays. (source meteofrance. fr)

MJJ : Un vent du sud très chaud précédera la tempête, de lourds grêlons fouilleront la terre. D'une masse de nuages rouge-feu des éclairs zigzagueront, enflammant et réduisant tout en cendre. L'air se remplira de gaz toxiques , et de vapeurs mortelles en cyclones , qui arracheront les œuvres d'audace, de folie et de volonté de puissance de la cité de la nuit. Les foudres du ciel se succéderont avec une violence rapide. Le feu du ciel parcourra la terre sur une largeur effroyable. Les terres cultivées seront ravagées par sa puissance , et les prairies seront brûlées. Les fruits ne paraîtront point ; les branches d'arbres seront sèches jusqu'au tronc... Ce qui m'attriste est que cette colère n'arrêtera pas la force de l'enfer.

Conchita : Le châtiment sera une intervention directe de Dieu, ce qui le rend plus redoutable que tout ce qu'on peut imaginer.

On a vu que cette intervention directe ne sera pas une vengeance divine homicide mais la permission donnée à Satan de montrer sa terrifiante puissance, jusqu'à un certain point, contre une humanité révoltée qui ne voulait pas y croire.

MJJ : Le grand Coup de la main de Dieu, ne sera pas de longue durée mais terrible, beaucoup mourront de peur.» Père Pel vers 1945 : « D'épaisses ténèbres, provoquées par la guerre, les incendies gigantesques et la chute des morceaux d'étoiles enflammées qui tomberont durant trois jours et trois nuits feront disparaître le soleil... ... ce fléau mondial commencera par une froide nuit d'hiver et un effroyable grondement de tonnerre divin sera entendu du monde entier...

Padre Pio en 1950 : Par une nuit très froide, une pluie ininterrompue surviendra alors, le vent surgira après un certain temps, le tonnerre se fera entendre... Le vent emportera des gaz empoisonnés qui se répandront par toute la terre... des ouragans de feu seront lancés des nuages et s'étendront à la terre entière. Orages, tempêtes, tonnerre, tremblements de terre couvriront la terre entière. Au bout de trois nuits, le tremblement de terre et le feu cesseront et le jour suivant, le soleil brillera de nouveau... » (source françoislopez.fr)

SEA : Des nuages incandescents et une tempête de feu passeront sur le monde et le fléau sera le plus terrible de l'histoire des hommes. Il durera 70 heures.

Marie Loli de Garabandal en 1962 :... nous vîmes une foule environnée de flammes. Les gens couraient se jeter à la mer et dans les lacs ; l'eau semblait bouillir et au lieu d'éteindre les flammes, elle paraissait les activer... Nous voyions des rivières se transformer en sang... Le feu qui tombait du Ciel... des choses pires encore ... »

Dans une note donnée à Francisco Sanchez-Ventura, Conchita écrit que le châtiment reste conditionné au fait que l'humanité fera cas, où non, des messages de la Sainte Vierge et du miracle. (source « Notre-Dame à Garabandal » par Joseph A. PelletierA.A. Sur les presses Chretien-Paviol de Lyon le 20 juin 1980) S'il arrive le feu dans le ciel et l'expérience intérieure de courte durée de l'avertissement paraîtront peu de choses à côté de ses trois jours.

Une âme mystique avait attribué à Satan cette parole dans une vision dont j'ai oublié la source : « Créatures de flammes retournez aux flammes.» Comme le prédisaient Carl Sagan et Hubert Reeves: des astronomes viennent de prouver que l'homme était composé à 97 % d'éléments formés au cœur des étoiles. (source sputniknews.com/16/01/2017)

Sur la terre, les nations seront dans l'angoisse, inquiètes du fracas de la mer et des flots, des hommes défailliront de frayeur, dans l'attente de ce qui menace le monde habité, car les puissances des cieux seront ébranlées. Et alors on verra le Fils de l'homme venant dans une nuée avec puissance et grande gloire(Évangile selon Saint Luc au chapitre 21)

Un dernier voile se sera levé

Marie des terreaux : Après le Grand Combat, la légitimité sera reconnue et tous s'embrasseront sans rancune.

Il est possible qu'elle parle de la réconciliation en France après les sept mois environ de combats que le roi aura dû mené. Il est aussi possible qu'elle parle de la réconciliation de l'humanité abandonnant ses luttes fratricides sur toute la terre.

MJJ : La France sera malheureuse, même après son triomphe. Pendant deux ou trois ans, elle se ressentira de ces ruines et de ces misères profondes. Après les douleurs, la paix résonnera, l'union sera admirable.

L'ère de paix

La fin des temps n'est pas la fin du monde

DB : Le pape revient .. L'obscurité cesse et luit un soleil splendide. "Ordonne la réforme des mœurs dans le monde entier" Le règne de la paix sera prolongé de 25 ou 30 années, sous la direction de ce Prince qui deviendra roi.

Il s'agit de la fin du songe de Don Bosco sur les 400 couchers de soleil dont je n'ai pas su comprendre les symboles et du début de la très longue ère de paix qui se sera amorcée sous le roi de France.

Marie des terreaux : La religion refleurira et les peuples reviendront au bonheur des premiers siècles : les chrétiens vivront comme des frères.

Même les forces occultes ont prophétisé ce dénouement heureux en imputant leur défaite aux erreurs de leurs partisans selon Pier Carpi : La longue paix fera oublier les erreurs passées.

MJJ : Après que bien plusieurs années se seront écoulées dans cette paix rassurante... l'homme que Dieu a choisi dans sa sagesse éternelle commencera à s'éteindre, après avoir étendu partout ses bienfaits. »

L'homme, roi de France, qui vivra encore 25 à 30 ans dans l'ère de paix, est à différencier de l'homme en général , être humain , se succédant au long des générations, source de bienfaits quand il est en harmonie avec Dieu, et qui, dans des siècles ou des millénaires, commencera à s'éloigner à nouveau de la sagesse éternelle du Dieu qui l'a choisi.

Maria Valtorta : Dans les siècles passés, de monstrueuses erreurs ont suscité les antipapes et les schismes qui, aussi bien les uns que les autres, ont divisé les consciences en deux camps opposés, provoquant la ruine d'un nombre incalculable d'âmes. Dans les temps futurs, ces mêmes erreurs provoqueront la fin du monde. En quoi consistera-t- elle ? Quand arrivera-t- elle ? Il n'est pas nécessaire que vous le sachiez.

Témoignage du Père Pel en 1945 : « Tous les Caïn et les Judas de l'humanité auront disparu dans ce Jugement des Nations, mais non encore de la Fin des Temps, qui devra avoir lieu plus tard. » est clair. Il y a bien deux périodes décisives de l'humanité, dont seule la première nous concerne, celle de la crise universelle. Commencera alors le très long temps qui rejaillira sur toute la terre et dont à parlé ainsi Saint Paul au chapitre 8 dans sa lettre aux romains : « J'estime, en effet, qu'il n'y a pas de commune mesure entre les souffrances du temps présent et la gloire qui va être révélée pour nous. En effet, la création attend avec impatience la révélation des fils de Dieu. Car la création a été soumise au pouvoir du néant, pas de son plein gré, mais à cause de celui qui l'a livrée à ce pouvoir. Mais elle a gardé l'espérance d'être, elle aussi, libérée de l'esclavage de la dégradation, pour connaître la liberté de la gloire donnée aux enfants de Dieu.

Quand ces choses commenceront à arriver, redressez-vous et levez vos têtes, parce que votre délivrance approche. (Évangile selon Saint Luc)

## Remerciements

Je remercie l'ami inconnu, Stéphane, qui a eu la patience de corriger mes fautes, tout au moins avant que j'apporte encore quelques modifications au livre. Il m'écrit : «J'ai lu votre livre en totalité. Le travail est sérieux et intéressant. Par contre, il est très certainement très difficile de donner des dates aux événements à venir, bien que je sois d'accord avec votre analyse, Dieu pouvant avancer, repousser ou annuler les événements.»

Je remercie Lulu.com fondée par Bob Young, qui, en créant lulu, s'est fixé comme objectif de mettre en place un moyen plus efficace et plus rentable de publier que l'édition traditionnelle. Ce principe reste au cœur de la mission de Lulu.com : faire de la création et de la consommation de contenu une expérience plus simple et plus satisfaisante, pour les gens du monde entier. Jugez-en, ce livre, fruit d'un travail commencé dès 2014, ou un peu avant, en est à une énième version. Je n'aurais pas pu le faire dans le circuit de l'édition traditionnelle.

www.ingramcontent.com/pod-product-compliance
Lightning Source LLC
Chambersburg PA
CBHW071657090426
42738CB00009B/1559